화교 디아스포라의 집단적 기억과 재영토화

저자

임채완 전남대학교 정치외교학과 교수, 세계한상문화연구단 단장, 정치사회학 박사

여병창 청운대학교 중국학과 교수, 문학 박사

리 단 부경대학교 국제지역학부 중국학 전공 교수, 정치학 박사

최승현 전남대학교 국제학부 한중문화학 전공 교수, 역사학 박사

전남대학교 세계한상문화연구 5차 총서 5

화교 디아스포라의 집단적 기억과 재영토화

2014년 12월 25일 초판 인쇄
2014년 12월 30일 초판 발행

지은이 | 임채완 · 여병창 · 리단 · 최승현
펴낸이 | 이찬규
펴낸곳 | 북코리아
등록번호 | 제03-01240호
주소 | 462-807 경기도 성남시 중원구 사기막골로 45번길 14
우림 2차 A동 1007호
전화 | 02-704-7840
팩스 | 02-704-7848
이메일 | sunhaksa@korea.com
홈페이지 | www.북코리아.kr
ISBN | 978-89-6324-367-2 (93300)

값 20,000원

* 이 총서는 2010년도 정부재원(교육과학기술부 인문사회연구역량강화사업비)으로 한국연구재단의 지원을 받아 연구되었음(NRF-2010-413-2013S1A5B8A01055017).
This work was supported by the National Research Foundation of Korea Grant funded by the Korean Government(NRF-2010-413-2013S1A5B8A01055017).

전남대학교 세계한상문화연구 5차 총서 5

화교 디아스포라의 집단적 기억과 재영토화

Chinese Diaspora: Collective Memory and Reterritorialization

임채완 · 여병창 · 리단 · 최승현

북코리아

| 총서를 펴내며 |

이 연구총서는 전남대학교 세계한상문화연구단이 2010년도 한국연구재단 대학중점연구소지원사업에 선정된 "민족분산과 지구적 소통으로서 디아스포라 연구"라는 연구과제 중 제1단계 "동북아시아 민족분산과 문화영토"에 해당된다. 이 책의 내용은 3년간의 연구과정 중 제2차년도에 수행한 1년간의 연구결과를 엮어 출판한 것이다. 향후 중점연구는 제2단계 3년간 "동북아시아 디아스포라의 초국가적 성격", 제3단계 3년간 "디아스포라 공동체와 지구적 소통"이라는 연구주제로 총 9년에 걸쳐 수행된다.

본 연구단이 수행한 중점연구 제1단계는 근 · 현대 동북아 디아스포라 공동체에 대한 역사적, 문화인류학적 연구를 통해 이산의 경로와 문화영토를 학문적으로 재현하는 데 초점을 두었다. 이를 위해 근 · 현대 동북아 디아스포라(한인, 중국인, 일본인)들이 분산과정에서 형성한 디아스포라 이주루트(Diaspora Route)를 계보학(Genealogy)의 관점에서 지도화(Mapping)하고, 이주과정에서 형성된 그들의 경험과 기억을 '개별적 기억', '집단적 기억과 영토의 재구성', '(축제와 민속에 나타난) 문화의 재구성'이라는 세 가지 측면에서 접근하였다.

구체적으로 중점연구 제1단계 3년간의 연구수행 과정을 살펴보면, 1년차는 동북아 민족 이산자들의 개별적인 월경 경험과 기억을 구술생애사 채록 등의 다양한 방법으로 자료를 수집하였다. 2년차는 1년차에서 연구한 디아스포라 민족분산에 관한 개인적 기억에 이어, 공간적 이동과정에서 경험한 집단적 기억을 재현하는 데 목적을 두었다. 즉 이주자들이 거주국(Host Country)에서 어떻게 터를 잡고 재영토화했는지에 대하여 집거지 연구를 통해 조명하였다. 3년차는 동북아 디아스포라 공동체가 비교적 잘 보존된 연구대상 지역을 중심으로, 문화영토의 관점에서 축제와 민속문화자원을 수집하여 민속학적으로 해석하는 작업을 진행할 것이다. 이 책은 이러한 연구결과를 토대로 이산의 땅에서 동북아 디아스포라 공동체 문화가 어떻게 집단적으로 향유되고 재현되고 있는지를 탐구할 것이며, 3년간의 연구과정에서 수집된 문헌자료와 구술채록 등 연구 성과물을 아카이브 시스템으로 구축하여 후속연구에 유용한 자료를 제공할 것이다.

제1단계 1차년도 총서는 『코리안 디아스포라: 이주루트와 기억』, 『화인 디아스포라: 이주루트와 기억』, 『일계인 디아스포라: 초국적 이주루트와 글로벌 네트워크』 등 총 3권으로 출판되었다. 이번에 출판되는 2차년도 총서는 『코리안 디아스포라의 집단적 기억과 재영토화』, 『화교 디아스포라의 집단적 기억과 재영토화』, 『일계인 디아스포라의 초국적 공간이동과 재영토화』 등이다. 향후 3차년도 총서도 총 3권으로 출간될 예정이다.

제1단계 2차년도 연구는 "근 · 현대 해외한인, 화인, 일계인의 공간적 치환과 재영토화"라는 주제로 1년차에서 연구한 디아스포라 분산에 관한 개인적 기억에 이어, 공간적 이동과 재영토화 과정에 대하여 집거지 연구를 통해 조명하였다. 이를 위해 본 연구소는 중점연구 1팀(해외한인연구팀), 중점연구 2팀(해외화인연구팀), 중점연구 3팀(해외일계인연구팀)으로 나누어 한 ·

중 · 일 3국 디아스포라의 새로운 정착지로의 공간적 재배치인 재영토화 과정과 공간적 이동(spatial displacement)이라는 현상을 비교 분석하였다.

연구방법으로서는 문헌연구를 바탕으로 국외지역으로는 중국, 일본 및 동남아 화교권 국가인 싱가포르, 말레이시아, 그리고 국내지역으로는 인천과 부산 차이나타운, 서울 동부이촌동 일본인타운 등을 현지 방문하여 설문조사와 인터뷰를 실시하였다. 중점연구 세부팀별로 연구성과 및 자료수집 결과는 다음과 같다.

첫째, 한인팀은 중국 길림성의 금풍촌 마을과 아라디 마을을 방문하여 조선족의 이주과정, 이주경로, 정착지에서의 생활 및 사회관계, 조선족 마을의 특성 등에 대하여 구술조사를 실시하였다. 금풍촌 조선족회관에서 4명의 조선족 노인을 대상으로 금풍촌에 조선족이 이주하게 된 배경과 과정, 그리고 정착지에서의 생활상을 채록하였다. 조사과정에서 조선족 노인회장으로부터 조선족 마을의 곳곳을 촬영해 놓은 사진 30여 장을 제공받았다. 장춘시에서는 길림조선문보사를 방문하여 한정일 부사장으로부터 길림성의 조선족과 길림신문의 역할에 대하여 구술을 채록하였다. 또한 길림신문사에서 출판한 중화인민공화국 창건 60주년 「길림신문」 창건 25주년 특별기획 "60주년에 만난 60인"이란 자료를 수집하였다. 러시아 지역은 연해주의 블라디보스토크, 우수리스크, 미하일로프카, 순얏센, 크라스키노, 포시예트 등지를 방문하여 총 8명의 구술자료를 채록하였으며, 이주 관련 사진 및 편지 등을 수집하였다. 아울러 『고려극장의 역사』, 『고려사람』, 『고려신문』 등 도서 및 신문자료와 집단적 기억에 관한 기념 자료들을 수집하였다.

일본 지역은 도쿄와 오사카를 현지 방문하여 코리아타운 관련 사진 및 자료, 디아스포라적 삶과 경험에 관한 상징물들을 수집하였다.

둘째, 화인팀은 싱가포르와 말레이시아를 방문하여 동남아 화교 및 화교 집거지 공간에 대한 현지조사를 수행하였다. 싱가포르 차이나타운(牛车水), 土生(Peranakan)박물관, 싱가포르 呂氏公會, IMAGES OF SINGAPORE(박물관), 말레이시아 johore baru 차이나타운, 말레이시아 johore baru 古廟, 말레이시아 쿠알라룸푸르 차이나타운, 陈氏书院, 觀音寺, 中華大會堂, 關帝廟, 仙四師爺宮 등 화교화인 집거지를 방문하여 화교의 집단적 기억 관련 상징물을 수집하였다. 특히 1950년대에 이주한 1~2세 화교들을 대상으로 구술조사를 실시하여 말레이시아 화교(王相寧, 郭挺水, 聞绥岳) 3명, 싱가포르 화교(安焕然, 陈秋平, 鄭桂珠) 3명 등 총 6명의 구술자료를 채록하였다.

국내에서는 대표적인 화교 집거지인 인천 차이나타운 현지조사를 실시하였다. 인천 차이나타운은 인천 개항장 터에 세워진 한중문화관, 공화춘, 중화루, 청일 조계지 경계계단, 청국영사관 옛터에 자리 잡은 화교중산학교 및 전통문화의 집단적 기억을 공유하는 義善堂 등 인천 화교의 집단기억들이 집중되어 있는 선린동, 북성동 일대 차이나타운 거리와 건물 등 94장의 사진자료를 수집하였다. 또한 인천 화교(孫德俊, 曲昌新 등 3명)대상의 구술자료를 채록하였다. 부산에서는 화교들이 집중적으로 거주하고 있는 동안 화인 패밀리타운과 부산 차이나타운을 방문하여 93건의 사진

자료를 수집하였다. 또한 부산 화교협회장, 화교소학교 및 중학교 교장 등 4명의 화교를 대상으로 구술자료를 채록하였다.

셋째, 일계인팀은 일계인 집거지(시즈오카 현 하마마츠 시, 군마 현 오이즈미 마치)를 중심으로 현지조사를 수행하였다. 문헌자료 수집은 주로 일계인 이주 관련 자료가 보관되어 있는 JICA(일계인해외이주자료관), 도쿄 재일한인역사자료관을 방문하여 일계인 집거지 형성 관련 자료를 수집하였다.

구체적으로는 JICA를 방문하여 요네바야시 과장을 면담하였으며, 해외일계인협회 니시야마 센터장을 면담하였다. 일계인 공동체 및 단체 관련 인터뷰 조사로는 일계인 NPO법인 ABC JAPAN 하시모토 히데키치 이사장, NPO 도요하시 브라질협회 오카와 유키요 씨를 면담(포르투갈어 인터넷 방송과 일본어 강좌방송 운영)하였다. 아이치 현 도요하시 시에서는 다문화공생국제과 와카코 나오히로를 대상으로 외국인 생활문제에 대하여 인터뷰 하였으며 총 11명의 구술 채록, 100여 장의 사진 촬영, 10건의 문헌자료를 수집하였다.

국내 재한일본인 집거지 조사로는 서울재팬클럽(JSC), 자스타(JASTA: Japanese Students Abroad), 일본문화원, 일본무역진흥기구(JETRO), 동부이촌동 등을 방문하여 재한일본인 11명의 구술 채록, 일본문화원에서 재한일본인 관련 문헌자료 수집, 서울재팬클럽(JSC) 무료발행 팸플릿 및 일본관광신문, 재한일본인 명함 등 총 30건의 자료를 수집하였다. 또한 자스타(JASTA) 발행 일본 관련 신문자료, 서울 일본인 교회 관련 신문기사, 교회소식 자료, 동부이촌동, 일본인 단체 사무소, 일본인 경영 음식점 등을 방문하여 재한일본인 관련 사진 90장을 수집하였다.

끝으로 이 총서가 발간되기까지 물심양면으로 지원해주신 모든 분들에게 감사드린다. 먼저 중점연구사업의 일환으로 동북아 디아스포라 연구를 수행할 수 있도록 지원해주신 한국연구재단 관계자, 연구단이 주최한 각종 국내 및 국제학술대회에 참석하여 기탄없는 토론으로 도와주신 국내외 디아스포라 전문가 및 학자, 연구성과 확산에 아낌없이 지원해주신 언론방송 관계자 분들께 진심으로 감사드린다. 또한 이른 아침부터 밤늦게까지 불철주야로 연구단의 불을 밝히고 연구에 전념해준 공동연구원, 연구교수, 연구보조원들에게 감사드린다.

2014년 12월 용봉골에서

전남대학교 세계한상문화연구단장 임채완

추천사

글로벌시대 디아스포라는 모국과 거주국을 매개하는 주요 행위자로 부상하면서 국제사회에서 국가의 영향력을 확대해나가는 데 유용한 자원으로 활용되고 있다. 특히 디아스포라는 다문화적이고 다언어적인 특성을 가지고 있어 각 국가들은 이들과의 네트워크를 형성하여 자민족의 경제 · 문화 영토를 세계로 넓혀가고 있다. 이와 같이 정치, 경제, 문화 등 다양한 차원에서 디아스포라의 잠재적 가치가 확인되면서 학계에서도 이들에 대한 학문적 탐구가 확산되고 있다.

이러한 시기에 국내외적으로 디아스포라 연구의 선도적 역할을 수행하고 있는 전남대학교 세계한상문화연구단은 동북아지역에서 상호 떼려야 뗄 수 없는 관계를 형성하고 있는 한국, 중국, 일본의 디아스포라들의 집거지 형성 과정과 새로운 정착지에서 경험한 기억들을 어떻게 재현하고 있는지를 규명하는 3권의 연구총서를 발간하게 되었다. 이에 재외동포 업무를 주관하는 책임자로서 임채완 단장과 연구단 소속 연구교수 및 연구원들에게 이 책의 출판에 대해서 심심한 축하를 보낸다.

총 3권으로 발간된 이번 총서는 『코리안 디아스포라의 집단적 기억과 재영토화』, 『화교 디아스포라의 집단적 기억과 재영토화』, 『일계인 디아스포라의 초국적 공간 이동과 재영토화』 등으로 구성되어 있다. 이번 총서는 근 · 현대 동북아 디아스포라(한인, 화인, 일계인)가 당대 역사의 질곡 속에서 어떻게 터를 잡고 재영토화되었는지, 정착과정에서 겪은 디아스포라의 집단적 기억과 문화정체성을 학술적으로 규명하는 데 초점을 두고 기획된 것으로 보인다.

동북아 디아스포라의 집거지와 민족정체성에 관한 이번 연구총서는 코리안, 화인, 일계인 등 3개국 디아스포라의 민족 집거지 형성과 특성에 대해 상세히 기술하고 있다는 점에서 학문적 의의와 가치가 있다고 사료된다. 또한 디아스포라들이 새로운 정착지에서 겪은 디아스포라적 삶과 경험에 관한 집단적 기억을 어떠한 방식을 통해 재현하고 공유하고 있는지에 대한 다양한 사례를 제시하고 있어 디아스포라 연구 영역을 한 단계 상승시킬 것으로 평가된다.

이 총서는 무엇보다도 디아스포라들이 새로운 정착지에서 소수자로 살아가면서 어떻게 자신들만의 터전을 형성하고 생활하고 있는지에 대해 기록하고 있다는 점에서 다문화사회 한국에 많은 시사점을 제공한다. 현대 한국 사회는 외국인 이주노동자 및 외국 국적 동포들이 증가하면서 경기도 안산시를 비롯하여 전국 각지에 외국인 밀집 거주지가 형성되고 있다. 그동안 우리 사회는 외국인 이주노동자들을 공동체의 구성원으로 받아들이려는 노력을 해오고 있으나 여전히 외국인 이주노동자에 대한 거리감이 존재하고 있다.

특히 외국인 밀집 거주지역에서는 이주노동자들이 지역 주민들과 협력 관계를 형성하면서 살아가고 있지만, 한편으로는 거주지역 내 쓰레기 문제나 치안 문제, 그리고 취업기회의 박탈감 등으로 이주노동자와 지역 주민 간의 갈등이 표면화되고 있다. 이러한 맥락에서 3 권의 총서는 외국인 이주노동자에 대한 우리 사회의 인식론적 패러다임을 변화시키고, 이들이 한국 사회에 안정적으로 적응 · 정착하는 데 필요한 다양한 방안들을 모색하는 데 기여할 것으로 생각된다. 끝으로 이번 총서가 외국 국적 동포 및 외국인 이주노동자에 대한 법적·정책적 지원방안을 수립하는 정부기관 및 유관기관, 그리고 시민단체들에게 널리 활용될 수 있도록 추천하며, 전문 연구자들 및 후속 세대 또한 학문적 탐구에 유용한 자료로 활용되기를 희망하는 바이다.

2014년 12월

재외동포재단 이사장 조규형

| 서 문 |

중화인민공화국, 이른바 신중국 건설에 있어 화교들은 핵심적인 역할을 담당하였다. 일찍이 공화정의 새로운 중국을 꿈꿨던 손문(孫文; 쑨원)도 신해혁명 과정에서 가장 큰 힘이 되어 주었던 화교들을 '혁명의 어머니'라 칭했다. 혹은 생계를 위하여, 혹은 값싼 노동력으로, 혹은 사기 · 납치 · 인신매매 등의 이유로 바다를 건너야 했던 화교 디아스포라는 몸은 만리 타국에 처해 있었으나 그들의 정신적 지향과 마음은 늘 고향을 떠나지 못하였다. 그리고 그들은 자신들의 삶과 정서의 원천이라고 할 수 있는 옛 고향과 신산(辛酸)했던 삶의 회억(回憶)을, 그리고 생사를 함께 이어온 핏줄과 이웃들의 오랜 공동체를 새로운 삶터에 재현하였다. 차이나타운은 바로 이와 같은 과정에서 자연스럽게 또는 인위적으로 구축된 산물이라고 할 수 있다.

이 연구는 2010년 한국연구재단 중점연구소로 선정된 전남대학교 세계한상문화연구단(이하 '연구단')의 "동북아시아 민족분산과 문화영토"를 테마로 한 장기적인 연구프로젝트의 제2차년도 주제인 "해외 화인들의 집거지 연구: 공간적 치환과 재영토화"에 관한 연구로 화교 디아스포라의 '집거지', 즉 차이나타운에 투영된 개별적 혹은 집단적 기억과 다중정체성 문제를 포착하고자 하는 시도의 일환이다.

본 연구의 주 대상은 싱가포르, 말레이시아, 한국의 대표적인 차이나타운이다. 이 중 싱가포르, 말레시아는 인구 총수와 인구 비율의 측면에서 대표적인 화교 디아스포라의 이주 역사를 간직한 지역뿐만 아니라 정주국의 소수민족 정책과 사회적 환경의 영향으로 독자적인 문화적 정체성이 상대적으로 잘 유지되고 있다. 반면 한국은 가장 배타적이며 소수에 속하는 화교 디아스포라의 역사를 지니고 있는 지역으로 냉전적인 사회적 환경과 배타적인 외국인정책의 영향으로 거주국 사회와의 갈등이 지속되었으며, 이로 인해 비교적 특수한 정체성을 보이고 있다. 이에 이 책에서는 싱가포르, 말레이시아의 말라카, 페낭, 쿠알라룸푸르, 조호르바루, 한국의 인천 차이나타운을 중심으로 화교 디아스포라 집거지의 형성과정과 공간 구조, 그리고 그들이 공동으로 창출한 기념물, 공간, 기관, 사회단체 등을 통해 화교 디아스포라의 집단적 기억이 새로운 정착지에서 어떻게 재현되고 있는지를 조명하였다. 나아가 이에 투영된 아시아 지역 화교 디아스포라의 정체성의 일단을 살펴보고자 하였다.

이 책은 싱가포르, 말레이시아, 한국의 대상 차이나타운에 대한 현지조사와 문헌 및 온라인 자료에 대한 보완 연구를 통해 얻어진 결과물을 종합한 것으로 각 차이나타운의 형성과정과 공간 구성, 그리고 집단적 기억의 재현과 정체성 고찰을 주요 내용으로 하고 있다. 더불어 주 연구 대상 지역 차이나타운 외에도 아시아, 북미, 라틴아메리카, 호주, 유럽, 아프리카 등 각 대륙 및 도시별 주요 차이나타운의 개략적인 상황도 함께 소개하고 있다.

이 연구에서 다루고자 하였던 차이나타운 형성과정과 공간 구조의 특징, 그리고 이에 투영된 집단적 기억의 흔적과 화교 디아스포라의 정체성 문제는 그간의 연구와는 궤를 달리하는 독자적인 시각의 접근이었다는 점에서 나름의 의의를 지닌다고 할 수 있다. 그러나 연구진의 학문적 역량과 시간적 · 공간적 제한으로 인한 한계는 여전히 많은 문제를 남겨주었으며, 결국 미완의 연구라는 점을 자인할 수밖에 없을 듯하다. 다만 이 같은 연구의 결과물이 모쪼록 이후 진행될 차이나타운 및 화교디아스포라에 대한 보다 진전된 연구의 밑거름이 되기를 희망할 뿐이다.

끝으로 이 책이 출판되기까지 물심양면으로 지원과 격려를 아끼지 않았던 전남대학교 세계한상문화연구단의 모든 연구진과 행정요원, 그리고 편집 및 인쇄에 많은 도움을 주신 출판사 관계자 여러분 모두에게 깊이 감사드린다.

2014년 12월

공동저자 일동

| 차 례 |

표 차례

그림 차례

제1장 머리말

1. 연구목적

이 연구는 근 · 현대 화교 디아스포라의 민족분산 과정을 통해 형성된 집거지와 문화영토에 대한 재조명을 목적으로 한다. 구체적으로 화교 디아스포라가 거주국에서의 공간적 치환과정을 통해 정착한 집거지의 공간구조와 이를 통해 재현, 전승하고 있는 기억과 정체성을 살펴볼 것이다. 이는 제1차년도의 주제인 '이주루트'와 '문화영토'의 개념을 확장하여 '정착지'에서의 집단적 기억과 다중정체성 문제를 포착하고자 하는 시도의 일환이다. 나아가 본 연구는 화교 디아스포라의 영토(공간)가 어떻게 형성(재구성)되었고, 공간적 치환을 통하여 화교 디아스포라가 그들의 지위불일치와 심리적 혼동, 사회관계를 어떻게 조정하여 왔는지를 들여다 볼 수 있는 단초를 제공하고자 한다.

D. Held의 지적처럼 지구화는 정치, 경제, 사회, 문화, 커뮤니케이션 등 전 세계적 규모의 전환 과정이며, 이 과정을 가속화시키고 있는 강력한 요인 중 하나가 바로 국제이주이다.[1] 이러한 맥락에서 인간의 이주는 단순히 물리적 · 공간적 이동만을 의미하지 않는다. 디아스포라는 고유의 전통문화와 풍습, 고유의 신앙과 의례체계, 음식과 언어 등 자신의 고유한 사회문화적 정체성과 함께 인간의 고유 권리 또한 새로운 영역으로 이식한다.[2] 디아스포라는 바로 이러한 이식 과정에서 문화적 접촉을 경험하며, 적응의 어려움을 극복하는 과정에서 필연적으로 자신들의 정주지에 민족집거지(ethnic enclaves)를 형성하게 된다.

근대 화교 디아스포라의 민족분산의 역사는 멀게는 한(漢)대까지 거슬

---

1 이충훈, "민족자결에 근거한 '시민권' 효율 잃어… 이주민의 '재민족화' 경향 지적", 『교수신문』, 2006년 1월 10일(교수신문 홈페이지, http://www.kyosu.net/news/articleView.html?idxno=9022, 검색일: 2013년 12월 3일).

2 김경학 외, 『귀환의 신화: 해외 인도인의 이주와 정착』, 서울: 경인문화사, 2005, p. 1.

러 올라가는 것으로 추정되나 1840년 아편전쟁을 전후하여 본격화 되며 그 대상 지역은 세계의 거의 전 지역을 망라한다.

한편 각 국가 별 인구센서스 결과를 바탕으로 2011~2013년 화교 디아스포라의 인구 총수는 약 4,600만 명 정도로 추산된다. 이밖에 홍콩, 마카오의 약 650만, 대만의 약 2,100만 등 약 2,750만 명을 포함하면 중국대륙 이외의 지역에서 생활하고 있는 전체 화교 인구는 약 7,400만 명에 이른다.

이 중에서 화교디아스포라가 가장 많이 분포되어 있는 지역은 아시아로 전체의 약 80% 이상을 차지하며 최근에는 그 수가 점차 늘어나고 있는 추세이다. 화교 인구의 국가 별 분포는 인도네시아, 타이, 말레이시아, 싱가포르, 미국, 필리핀, 베트남, 미얀마 등의 순으로 다수를 차지한다. 거주국 전체 인구 중 화교의 비율은 싱가포르가 76%로 최다이며, 다음으로 말레이시아 30.5%, 이 외에 10% 이상을 점하고 있는 나라들은 브루나이(23%), 타히티(20%), 사이판(12%), 타이(11%) 등의 순이다. 이처럼 아시아 국가 중에서도 특히 동남아시아 지역의 일부 국가에 화교 인구가 집중적으로 분포되어 있는데, 이는 지리적 접근성과 함께 고대로부터 이어져 왔던 동남아 지역과의 빈번한 교류와 무역활동이라는 역사적 배경과 깊은 관련을 맺고 있다. 이들 지역은 거주국의 식민지 정부 그리고 원주민 정부의 배타적인 소수민족정책에도 불구하고 현재까지도 집단거주지역과 공동체를 형성하여 중국인, 즉 화교로서의 문화적 특성과 정체성을 전승, 유지하고 있다.

본 연구의 대상인 싱가포르, 말레시아 화교는 인구 총수와 인구 비율의 측면에서 대표적인 화교 디아스포라의 이주 역사를 간직한 지역이며, 반면 한국 화교는 가장 배타적이며 소수에 속하는 화교 디아스포라의 역사를 지니고 있는 지역이다. 이들 디아스포라는 각각 거주국에서 특유의 차이나타운을 형성하고 있으며, 이를 통해 각각의 고유한 전통과 공통의 정체성을 동시에 유지하면서 살아가고 있다.

싱가포르와 말레이시아 화교는 정주국의 소수민족 정책과 사회적 환경의 영향으로 독자적인 문화적 정체성이 상대적으로 잘 유지되고 있다. 반면 한국 화교는 한국 근현대사의 굴곡과 한국 정부 수립 이후 냉전적인 사회적 환경, 그리고 배타적인 외국인정책의 영향으로 거주국 사회와의 갈등 상황이 지속되었으며, 이를 통해 비교적 특수한 정체성을 보이고 있다.

이에 이 책에서는 싱가포르, 말레이시아의 말라카, 페낭, 쿠알라룸푸르, 조호르바루, 한국 인천 등 주요 차이나타운 지역을 중심으로 화교 디아스포라 집거지의 형성 과정을 살펴보고, 디아스포라 집거지의 공간 구조에 대해 살펴볼 것이다. 또한 그들이 공동으로 창출한 기념물, 공간, 기관 등을 통해 화교 디아스포라의 집단적 기억이 새로운 정착지에서 어떻게 재현되고 있는지를 조명하고자 한다. 나아가 이를 통해 아시아지역에 거주하고 있는 화교 디아스포라의 정체성의 특성을 고찰하고자 한다.

2. 연구대상 및 방법

1) 연구대상

이 책에서 다루고자 하는 연구대상은 싱가포르, 말레이시아의 말라카, 페낭, 쿠알라룸푸르, 조호르바루, 그리고 한국의 인천에 형성된 차이나타운의 역사, 공간구조 및 대표적인 기념물과 기억의 공간, 기관 조직 등을 통해 아시아 지역 화교 디아스포라의 민족집거지가 어떻게 형성되어 왔고, 오늘날 어떠한 모습을 보이고 있는지를 들여다 볼 것이다. 또한 자신들이 경험한 디아스포라적 기억들을 어떻게 재현하고 있는지를 살펴

표 1.1 연구대상

구분	연구대상
싱가포르 화교 디아스포라	- 싱가포르 화교 디아스포라의 역사 및 문화 - 싱가포르 차이나타운 牛車水의 형성과 특성 - 집단적 기억 재현 공간, 기념물 및 사회문화기관
말레이시아 화교 디아스포라	- 싱가포르 화교 디아스포라의 역사 및 문화 - 말라카, 페낭, 쿠알라룸푸르, 조호르바루 차이나타운의 형성과 특성 - 집단적 기억 재현 공간, 기념물 및 사회문화기관
한국 화교 디아스포라	- 싱가포르 화교 디아스포라의 역사 및 문화 - 인천 차이나타운의 형성과 특성 - 집단적 기억 재현 공간, 기념물 및 사회문화기관

보고자 한다.

구체적으로 이 책의 주요 연구대상은 싱가포르 화교 디아스포라의 역사와 문화, 싱가포르 차이나타운 牛車水의 형성과 특성, 그리고 차이나타운 내 기억의 재현과 정체성; 말레이시아 화교 디아스포라의 역사와 문화, 말라카, 페낭, 쿠알라룸푸르, 조호르바루 각 차이나타운의 형성과 특성, 그리고 차이나타운 내 기억의 재현과 정체성; 한국 화교 디아스포라의 역사와 문화, 인천 차이나타운의 형성과 특성, 그리고 차이나타운 내 기억의 재현과 정체성 등이다.

2) 연구방법

상술한 연구 목적에 따라 본 연구는 크게 다음과 같은 세 가지의 연구 방법을 이용할 것이다.

첫째, 관련 문헌 및 온라인 자료에 대한 사전 연구를 진행한다. 구체적으로 화교 디아스포라의 민족집거지 관련 문헌자료, 사진, 온라인 자료 등을 수집 · 검토하여 화교 디아스포라 민족집거지의 형성 과정과 공간

구조, 그리고 집단적 기억의 특성을 규명하는 기초자료로 활용한다.

둘째, 연구대상 지역 화교 집거지에 대한 현지조사를 진행한다. 동남아 지역 싱가포르, 말레이시아 쿠알라룸푸르, 조호르바루 등에 대한 현지조사는 2012년 2월 19일부터 25일까지 7일간, 국내의 대표적인 화교 집거지역인 인천 차이나타운에 대한 현지조사는 2012년 3월 6일부터 8일까지 3일간에 걸쳐 각 지역 차이나타운의 대표적인 공간과 디아스포라의 경험을 상징하는 기념물과 공간, 그리고 사진 자료와 문헌자료 등을 조사, 수집하였다. 이와 같은 현지조사 수행의 세부 내역은 아래〈표 1.2〉와 같다.

표 1.2 현지조사 세부 수행 내역

조사기간	조사지역	수행 내역
2012. 3. 6 ~10	인천시	- 인천 화교의 이주 배경, 과정, 경로, 정착 실태, 집거 공간의 변천 등에 관한 면담조사 및 구술 채록(孫德俊, 曲昌新 등 3인) - 인천화교 언어사용실태 설문조사(20인) - 차이나타운 거리, 건물, 상징물 등 촬영 - 화교협회, 화교학교 등 기관 방문
2012. 2. 19 ~25	싱가포르, 말레이시아	- 화교 집거지 조사: 싱가포르 牛車水(차이나타운), 말레이시아 johore baru 차이나타운, 말레이시아 쿠알라룸푸르 차이나타운 등 - 구술조사: 싱가포르 및 말레이시아 화교의 이주 배경, 과정, 경로, 정착지에서의 생활 및 사회관계 등 - 조사인원: 6인(말레이시아 화교 安煥然, 陳秋平, 鄭桂珠 등 3인, 싱가포르 화교 王相寧, 郭挺水, 聞綏岳 등 3인) - 전문가 면담: 말레이시아 華社研究中心 명예연구원 李業霖 - 수집자료: 구술 생애사 채록 음성파일 6건; 전문가 자문 음성파일 1건; 싱가포르 中華總商會, 土生(Peranakan)박물관, 牛車水(싱가포르 차이나타운), 싱가포르 呂氏公會, IMAGES OF SINGAPORE(박물관), 말레이시아 johore baru 차이나타운, 말레이시아 쿠알라룸푸르 차이나타운, 陳氏書院, 觀音寺, 中華大會堂, 關帝廟, 仙四師爺宮 등 화교화인 집거지 및 집단적 기억 관련 상징물 사진 495건; 『柔佛(johore baru)客家人的移植与拓墾』, 『柔佛(johore baru)潮州人拓殖与發展史搞』, 『南方學院學報』, 『臺灣東南亞學刊』 등 학술도서 자료 다수

셋째, 온라인 검색을 통해 문헌 및 현지조사에서 미진했던 정보를 적극 활용한다. 본 연구는 주로 온라인 사전 『Wikipedia』(http://wikipedia.org)의 화교, 차이나타운 등의 검색어를 이용한 온라인 정보, 세계 주요 차이나타운을 간략하게 소개하는 사이트인 『Chinatownology』(http://www.chinatownology.com/) 등에서 제공하는 정보를 참고한다.

제2장 차이나타운 개관

차이나타운이란 중국 영토 외의 다른 나라 도시에 있는 중국인들이 집중적으로 거주하고 있거나 일하고 있는 지역을 가리킨다. 대개의 경우, 이들 중국인은 현지 거주국이나 새로운 연고지에 있는 이주민 또는 소수 민족으로 분류된다. 차이나타운은 런던 차이나타운, 샌프란시스코 차이나타운, 마닐라 차이나타운 등과 같이 대부분 그 해당 도시의 이름을 그대로 이용하는데, 일부 차이나타운은 현지조건을 반영하는 독특한 이름을 가지고 있다. 예를 들어, 싱가포르 차이나타운은 문자 그대로 'Ox Cart Water'라고 번역되는 '牛車水'로 알려져 있다.

비록 오늘날에는 상당수 중국인들이 차이나타운 이외의 지역에 거주하게 되면서 그들의 새로운 거주지와 문화적으로 통합되어 있지만, 차이나타운은 여전히 중국인들에게 상징적인 의미를 가지고 있으며, 설날의 만두축제나 용선제(龍船祭), 또는 단오절, 중양절, 중추절과 같은 중국 전통의 행사가 행해지는 공공의 공간으로 자리 잡고 있다.

차이나타운의 명성은 중국인들과 현지 국가 간의 관계를 반영한다. 과거 차이나타운은 현지 국가에 있는 중국의 일부로 여겨졌고, 때로는 범죄나 무질서와 연관되어 있었다. 그러나 이후 문화 다원주의가 확산되고 중국인들의 경제력이 향상됨에 따라, 많은 차이나타운이 문화 간 상호작용의 공간 또는 관광지로서의 역할을 하고 있다. 이에 따라 오늘날 많은 차이나타운에는 물리적 공간의 경계선을 표시하고 방문자를 환영하는 의미의 패루(牌樓)가 세워져 있으며, 사자, 용 등의 형상과 전통 양식의 식당, 정자, 사원, 수도원, 종친회관 등 공통의 상징 및 장소들이 보존되고 있다.

차이나타운은 아시아, 북미, 라틴아메리카, 호주, 유럽, 아프리카 등 각 대륙의 거의 모든 주요 도시에 자리 잡고 있다. 여기에서는 이 책의 연구 대상인 싱가포르, 말레이시아, 한국 차이나타운을 제외한 각 대륙 및 국가 별 주요 차이나타운의 상황을 개략적으로 소개한다.

1. 아시아 차이나타운

1) 개황

아시아의 차이나타운은 동아시아 및 동남아시아의 화교들 및 남중국 특히 광동(廣東), 복건(福建)과 해남(海南) 지역에서 온 중국인들의 대규모 인구집중으로 확장되었다. 이들은 몇 십 년 전 당대(唐代) 초기를 시작으로 브루나이, 캄보디아, 인도네시아, 라오스, 말레이시아, 미얀마, 싱가포르, 필리핀, 태국, 베트남, 일본, 한국과 같은 나라에 정착했지만, 대부분 17세기에서 19세기(청나라) 사이에 늘어나기 시작하여 20세기 들어 본격적인 정주가 이루어졌다.

이 중국인들은 주로 광동, 객가(客家), 복건과 조주(潮州)의 후손으로 남중국 본토에서 왔으며 일부는 해남, 복주(福州), 흥화(興化) 출신의 후손이었다. 이들 중 광동 출신은 주로 베트남에, 객가 출신은 인도·동티모르·방글라데시·말레이시아·싱가포르·인도네시아·태국·버마·브루나이 등에, 복건 출신은 필리핀·싱가포르·말레이시아·인도네시아·브루나이·미얀마 등에, 그리고 조주 출신은 캄보디아·라오스·태국·베트남 등에 정착하였다.

아시아에서 가장 큰 차이나타운은 일본의 요코하마 추카가이(横浜中華街)로 광동 출신이 주를 이루고 있다. 그러나 이곳의 첫 이주 집단은 광동 출신이 아닌 객가에 속하는 절강성 해녕(海寧) 출신이었다.

필리핀 마닐라에 위치해 있는 비논도(Binondo)는 세계에서 가장 오래된 차이나타운으로 알려져 있다. 이곳은 일찍이 1594년 필리핀의 스페인 식민정부에 의해 기독교로 개종한 중국인들의 영구 정착지로 공식 지정되었던 곳이다.

화교들은 중국계 인구가 대부분을 차지하는 싱가포르를 제외하고는 대다수 아시아 국가에서 가장 많은 인구를 가진 소수민족이다. 이들 중 인도네시아와 필리핀의 화교들은 각각 인도네시아와 필리핀 식의 생활방식을 채택하고 있으며, 태국의 화교들은 원주민인 태국인들에게 동화되었다. 하지만 차이나타운은 이들 아시아 화교들에게 있어 여전히 현실적 집거공간이자 문화적 상징공간이다.

2) 주요 차이나타운

(1) 캄보디아

캄보디아의 대표적인 차이나타운은 프놈펜 차이나타운이다. 중국인들의 캄보디아 이주는 15세기부터 시작된 것으로 알려져 있으나, 현재의 차이나타운은 최근 몇 십 년 동안에 걸친 대규모 이주를 통해 형성되었다. 이밖에 캄보디아의 일부 도시는 과거 중국의 식민지였던 것으로 알려져 있다.

(2) 인 도

인도 화교의 대부분은 캘커타의 차이나타운 또는 그 부근에 거주하고 있다. 이들 중 객가인들은 주로 중국식당과 제혁공장이 밀집해 있는 탕그라(Tangra)라는 공동체에서 생활한다. 뭄바이의 바이쿨라(Byculla)에도 차이나타운이 있으나 상당수의 화교들이 호주, 캐나다, 영국, 미국 등으로 재

이주하게 되면서 인구가 급격히 감소하였다.

(3) 인도네시아

인도네시아 화교들은 주로 가자마다(Gajah Mada) 대로에 있는 자카르타 글로독(Glodok) 구역, 빤쪼란(Pancoran) 거리, 동부 자카르타의 자띠네가라(Jatinegara)와 서부 자카르타의 크렌당(Krendang)에 거주하고 있다. 대부분의 차이나타운 기업들은 인도네시아 토착민과 1998년 5월 자카르타의 인종 폭동에 의해 불타 없어졌다. 이후 상당수 중국인들이 인도네시아를 떠났지만 적지 않은 인도네시아 화교들은 아직 이들 차이나타운을 지키고 있다. 이밖에도 많은 화교들이 세마랑에 있는 강세마위스(Gang Semawis)와 페코잔(Pekojan) 대로 등지의 차이나타운, 수라바야(Surabaya) – 동자바(East Java), 방카벨리퉁(Bangka Belitung) – 팡칼피낭(Pangkal Pinang), 숭아이리아트(Sungailiat), 토보아리(Toboali), 그리고 문똑(Muntok, 객가인 집거지), 메단(Medan) – 북수마트라(North Sumatra, 복건 출신 집거지), 폰티아낙(Pontianak) – 서카리만탄(West Kalimantan, 조주 출신 집거지), 그리고 싱카왕(Singkawang) – 서카리만탄(West Kalimantan, 객가 출신이 도시 전체 인구의 약 70% 차지) 등지에 크고 작은 집거지를 형성하고 있다. 한편 인도네시아의 차이나타운은 'Pecinan'이라고도 알려져 있다.

(4) 일 본

요코하마의 츄카가이는 아시아에서 가장 큰 차이나타운이자 세계 최대의 차이나타운 중 하나이며, 고베의 난킨마치(南京町なんきんまち, 고베 차이나타운의 일본어 명칭)도 근래에 들어 그 규모가 점차 커지고 있다. 한편 1698년 나가사키에도 신치마치(新地町しんちまち, 현재의 新地中華街ながさきしんちちゅうかがい)라는 이름의 차이나타운이 형성되었다. 이들 지역에 거주하고 있는 대부분의 일본 화교들은 일본 제국주의 식민지 시대에 대만으로부터 이주한 사람들이다.

요코하마 츄카가이는 도쿄 남부에 있는 요코하마 항에 위치해 있으며 약 150년이 넘는 역사를 가지고 있다. 오늘날에는 소수의 중국인들만이 남아 있으나 아직 그 인구가 3,000~4,000명에 이르며 광주(廣州) 출신들이 주류를 이룬다. 요코하마 츄카가이에는 전 지역에 걸쳐 약 250여 개의 화교 상점들과 식당들이 들어서 있다.

중국인들의 요코하마 이주는 1859년 요코하마 개항 후 상하이, 홍콩 간의 항로가 개설되면서 본격화되었고, 중국 상인들이 정착하여 중국학교, 공동체 센터 등 차이나타운의 시작을 알리는 다양한 시설들을 건설하였다. 초기 이주민들은 일본 정부의 규정에 의해 특정 지역을 벗어날 수 없었으나, 1899년 이후 새로운 법이 제정되면서 이동이 자유로워졌다.

요코하마 츄카가이는 1923년, 간토대지진과 1937년 중일전쟁 이후 인구와 규모가 급격하게 축소되었으나 1972년 일본과 중화인민공화국의 외교관계 수립, 대만과의 관계 증진을 계기로 일본인들 사이의 관심이 다시 증가하였고 차이나타운 또한 예전의 활기를 되찾았다.

고베 난킨마치는 일본의 3대 차이나타운 중 하나로 다이마루 백화점에 인접한 모토마치 역 남부에 위치해 있다. 이 지역에는 약 100여 개의 중국식당과 상점이 들어서 있다.

난킨마치는 1868년 고베 항이 광동, 복건, 삼강(三江) 출신의 중국 이주민들을 포함한 외국인들에게 문호를 개방하면서 형성되었다. 초기 이주자들은 고베의 외국인 지역 서쪽 끝에 정착했는데, 이후 이곳으로 이주하는 중국인들이 "난킨인"이라 불리면서 '난킨마치'라는 지명이 붙여졌다. 1920년 초까지, 상가와 식당으로 활기찼던 난킨마치는 청일전쟁과 제2차 세계대전이 이어지는 20년 동안에 걸쳐 쇠락했다가 전쟁 이후 재건되었다. 이후 1995년, 한신대지진으로 파괴되었던 난킨마치는 곧바로 다시 재건되어 간사이(関西) 지역 전체 화교들의 문화 및 활동의 중심지가 되었다. 고베의 차이나타운에는 현재 10,000명의 화교들이 거주하고 있다.

난킨마치는 동쪽의 장안문(長安門), 서쪽의 서안문(西安門), 남쪽의 남앵문(南桜門) 등 세 개의 패루(牌樓)가 경계를 표시하고 있으며 북쪽 입구에는 한 쌍의 사자상이 세워져 있다. 또한 중앙의 황도십이궁 석각 건물은 난킨마치의 남북과 동서 축의 교차점을 표시한다.

나가사키는 15세기에서 19세기까지 일본과 상품을 거래하던 중국 선원들과 상인들의 근거지였다. 중국에서 일본을 왕래하는 유일한 개방 항구였던 나가사키에는 오랜 시간에 걸쳐 신치마치라는 차이나타운이 형성되었으며, 현재 이곳에는 대규모 상가지역이 넓게 형성되어 있다.

(5) 필리핀

필리핀에서 가장 널리 알려진 차이나타운은 마닐라 비논도 지역의 차이나타운이다. 비논도는 1594년 필리핀 섬의 스페인 식민정부가 이 지역을 기독교로 개종한 중국인들의 거주지로 지정하면서 설립된 세계에서 가장 오래된 차이나타운이다. 필리핀에서 영향력이 있는 대부분의 화교들은 주로 이 지역에 뿌리를 두고 있다.

대부분이 복건지역 방언을 사용하는 필리핀 화교들의 정착은 스페인보다 앞선 1521년 시작되었고, 그 이전인 8세기부터 이미 중국 상인들은 섬의 원주민 부족들과 거래를 하고 있었다. 스페인이 점령하는 동안, 화교들은 스페인 상류층과 필리핀 원주민, 그리고 인디언들 사이의 중재자로써 필리핀 사회에서 그 입지를 굳혔다.

페르디난트 마르코스의 통치하에 있던 1972년 이후 화교들에 대한 차별과 탄압이 심해지면서 화교들 대부분이 베네수엘라나 북미(특히 미국), 호주 또는 다른 나라로 이주하였고 이에 따라 비논도 차이나타운 또한 그 규모가 크게 축소되었다.

2006년 이래로 원래의 차이나타운에 비견할만한 종합적인 신(新)차이나타운 건설계획이 수립되었고 이에 대한 현지 화교들과 중국 투자가들의 합작 투자가 이루어지고 있다. 이 신차이나타운은 홍콩과 대만 거리에서 볼 수 있는 활기찬 야시장을 모델로 하고 있다.

(6) 태 국

태국 화교는 조주 출신이 주류를 이루고 있으며 광동, 객가 출신들도 일부 포함되어 있다. 방콕의 차이나타운(태국어: Yaowarat)은 야오왈랏 대로와 쌈뼁 도로에 위치해 있으며, 푸켓 시의 팡 응아(Phang Nga) 대로, 다랑(Thalang) 대로, 크라비(Krabi) 대로, 푸켓(Phuket) 대로, 랏사다(Ratsada) 대로, 야오왈랏(Yaowarat) 대로, 디북(Deebook) 대로 등에 걸쳐 차이나타운이 형성되어 있다. 이곳은 초기 화교 정착민들에 의해 세워졌다.

미얀마 근처의 메싸롱이라고 불리는 도시에 태국 북부의 화교 집거지역이 있다. 국공내전에서 패한 국민당 군대 중 운남성(雲南省) 육군사단 소속의 군인들이 미얀마 근처로 달아났다. 메싸롱 차이나타운은 바로 이들 국민당 육군 93사단 출신 군인들에 의해 설립되었다.

(7) 베트남

중국인들의 베트남 이주는 여러 세기에 걸쳐 이루어졌다. 초기 이주는 명 · 청 교체시기 반청요인들의 도피로부터 비롯되었다.

베트남 화교들은 대부분 사이공(Sài Gòn)이나 호치민(Hồ Chí Minh) 시 남부에 정착했다. 호치민 시의 차이나타운은 1770년 후반 이후 중국의 광동, 조주 출신 지역단체의 근거지가 되었던 쏠론 지역이다. 그 주요 도로는 응우옌 짜이(Nguyễn Trãi) 거리와 쩐훙다오(Trần Hưng Đạo) 거리로, 쏠론 지역은 베트남의 공산당 정부가 사유재산을 몰수하기 전까지는 화교 기업의 보루였다.

1970년 후반에서 1980년대 초에 이르기까지 베트남 전쟁과 중국-베트남 전쟁을 거치면서 대부분의 베트남 화교(베트남어 '비엣 호아')들은 이른바

'보트피플'이 되어 호주, 캐나다, 프랑스, 독일, 미국 등으로 탈출하였다. 하지만 당시 베트남에 잔류하고 있던 화교들은 여전히 베트남 각지의 차이나타운에 공동체를 이루고 있다.

2. 미국 차이나타운

1) 개황

미국의 차이나타운은 1840년대 이후 먼저 서부해안에 자리 잡았다가 1870년대 이래로 동부해안으로 확대되었다. 중국인들은 1세대 아시아 이민자들 중 규모가 가장 큰 집단이었다. 아시아 소수민족 중 가장 오래된 차이나타운은 이후 재팬타운, 코리아타운과 리틀 인디아와 같은 다른 아시아 소수민족 집단 거주지의 패턴이 되었다.[1] 그러나 미국경제의 하락과 중국경제의 상승으로, 미국 내 대부분의 차이나타운은 그들의 초기목적을 잃고 중국과 교외로의 재이주로 쇠퇴하거나 단순히 역사적인 기억의 장소나 관광지로 변모하였다.[2]

미국 차이나타운 형성 과정의 주요 사건을 연대 별로 살펴보면 다음과 같다.

---

1 David Johnson. "Chinatowns and Other Asian-American Enclaves". © 2000-2012 Pearson Education, publishing as Infoplease. All rights reserved. Retrieved 2013-12-30.

2 "The End of Chinatown".(http://www.theatlantic.com/magazine/archive/2011/12/the-end-of-차이나타운/308732/)

주요 사건 연대표

1840~1860	초기 차이나타운의 형성은 대부분 샌프란시스코의 차이나타운처럼 캘리포니아 골드러시, 대륙횡단철도 건설과 같은 서부개발에서 비롯됨
1863	노예해방 선언으로 미국 서부의 중국인에게 새로운 기회가 열림
1860~1880	인종 간 갈등, 계속되는 노동쟁의 등의 원인으로 록 스프링스 대학살[3]과 같은 사건들이 발생. 이후 중국인들의 미국 이주가 사실상 중단됨
1943	중국배제법의 폐지로 차이나타운 인구 증가
1970	베트남 전쟁의 종료
1995	'새로운 차이나타운'의 개념이 라스베이거스 차이나타운에서 시작됨
2010~	미국경제 하락, 중국경제 상승에 의한 역이민의 영향으로 차이나타운이 쇠퇴하기 시작함

미국의 인구통계에 따르면, 현재 화교들이 가장 많이 거주하는 지역은 뉴욕, 샌프란시스코, 로스앤젤레스, 산호세, 시카고 등이다.[4]

---

3 미국의 와이오밍 주, 스위트워터에 있는 록 스프링스 시에서 1885년 9월 2일 하루 동안 일어난 사건으로 중국인 광부들과 백인 광부들 사이의 인종적 긴장감과 계속되고 있던 노동 쟁의의 결과였다. 당시의 노동 쟁의는 유니온 퍼시픽 철도회사 석탄 부문(Union Pacific Coal Department)의 중국인 광부들에게 백인 광부보다 적은 임금을 주는 정책에 반대하는 것이었다. 이 정책으로 인해 중국인들은 백인 광부들에 비해 더 많이 채용되었다. 백인 광부들은 이에 대해 불만을 가지고 있었고 이러한 분위기가 곧 소요 사태의 원인이 되었다. 이 밖에 타 인종 간의 긴장감 또한 학살의 주요한 원인이었다. 이로 인해 최소 28명의 중국인 광부가 죽었고 15명이 부상을 입었으며, 75채의 중국인 가옥이 백인들에 의해 불태워졌다. 이는 당시 화폐 가치로 약 15,000달러(오늘날 화폐가치로 환산하면 약 388만 달러)에 이르는 재산피해였다. 이 사건은 이후 워싱턴 주 푸젯사운드 폭력 사건 등 중국인에 대한 일련의 폭력 사태에 큰 영향을 미쳤다. 위키백과(http://ko.wikipedia.org), 검색일: 2013-10-27.

4 ACS DEMOGRAPHIC AND HOUSING ESTIMATES 2012 American Community Survey 1-Year Estimates New York-Newark-Bridgeport, NY-NJ-CT-PA CSA. U.S. Census Bureau. 검색일: 2013-10-27.

2) 주요 차이나타운

(1) 캘리포니아

동아시아, 동남아시아와의 접근성으로 인해 캘리포니아에는 잘 알려진 샌프란시스코 차이나타운, 중국인 이주민들에 의해 건설된 로크(Locke) 타운,[5] 그리고 다른 여러 곳의 차이나타운을 포함하여 미국 내에서 가장 많은 수의 차이나타운이 형성되어 있다.

① 로스앤젤레스

로스앤젤레스 도심의 옛 차이나타운은 1930년대 후반에 건설되었다. 2010년 현재 약 6만 명 이상의 화교들이 거주하고 있는 이곳은 아시아 태평양 지역 항로의 중심에 위치하여 국제 무역이 매우 발달되어 있었던 까닭에 화교들의 대외 무역의 요충지, 그리고 여러 종친 및 동향(同鄕) 조직, 이주민들을 위한 일반적인 서비스 조직의 본거지로 기능해왔다. 또한 이곳에는 절이나 용왕제를 지내는 사당 등이 들어서 있어서 화교들의 고향을 재현한 공간으로서의 상징성을 가지고 있다. 그러나 근래에 들어 화교 및 화교기업들이 동부지역으로 근거지를 옮겨가게 되면서 기존의 차이나타운은 서서히 그 활력을 잃어 가고 있다. 이에 로스앤젤레스 시 정부는 이처럼 역사적 의미를 지니고 있는 차이나타운을 경제적 활력을 갖춘 지

5 새크라멘토-샌호아킨 강 삼각주(Sacramento-San Joaquin River Delta) 지역의 농업지대이며, 새크라멘토 강(江) 동쪽 연안에 위치한다. 이곳은 로크 역사지구(Locke Historic District)로 알려져 있으며, 남쪽의 월넛 그로브(Walnut Grove)와 함께 20세기 초반 중국 이민자들에 의해 형성된 차이나타운이다. 미국 농촌지역 중국인 공동체의 형태를 잘 보여주는 곳으로, 1971년에 국가등록역사지역(National Register of Historic Places)과 1990년에 국가역사상징지구(National Historic Landmark District)로 각각 지정되었다. 1915년 중국 광둥성(廣東省) 중산(中山) 출신의 리빙(Lee Bing), 챈 힝 사이(Chan Hing Sai), 톰 와이(Tom Wai) 등이 월넛 그로브 차이나타운의 화재로 인해 이 지역에 이주하여 농촌의 중국인 마을을 형성하였다. 지명은 중국어 '락거(樂居)'에서 유래했으며, 중국어학교를 비롯한 중국식 상점과 식당 등이 조성되었다. 1940년대 이후 도시화와 산업화의 영향으로 인해 많은 중국인들이 도시지역으로 대거 이주하면서 현재 순수한 중국인 거주자는 많지 않다. 두산백과(http://www.doopedia.co.kr/) 참조.

역으로 새롭게 발전시키기 위하여 「차이나타운 지역의 위생과 안전을 위한 모금 활동」을 통한 새로운 차이나타운 건설 계획을 진행 중이다.

② 샌프란시스코

샌프란시스코의 차이나타운은 당인부(唐人埠)로 불리며 미국에서 가장 큰 차이나타운 중 하나이다. 샌프란시스코 화교들은 150년 전 광동 출신들의 이주를 시작으로 홍콩, 대만, 중국 대륙, 동남아 각지에서 건너온 사람들이며, 현재 그 인구가 50만 명을 넘는다. 가장 오랜 역사를 지닌 샌프란시스코 중화총상회(中華總商會)는 1910년에 세워졌으며, 캘리포니아 북부 지역에서 화교들의 활발한 활동을 뒷받침해왔다. 즉 전미 각지에서 추천받은 아가씨 중에 차이나타운 아가씨를 선발하기도 하고 패션쇼, 댄스 경연대회 등 여러 가지 이벤트를 진행하면서 차이나타운 관광 및 주변 상업이 발전하는 데 크게 공헌하였다.

최근 들어 샌프란시스코 지역에는 커다란 변화가 일고 있다. 화교들이 세운 다국적 호텔들이 우후죽순(雨後春筍)처럼 들어서고 자본금도 방대해지고 있으며 주택, 빌딩, 대형 상점도 도심 쪽의 고층 빌딩으로 발전되어 나가고 있다. 이곳의 연합광장은 미국에서 지가가 가장 비싼 상업지구로 젊은 화교 기업가들은 이미 샌프란시스코 지역 실업계에서 매우 영향력 있는 지위를 확보하고 있다.

남부 지역은 캘리포니아 경공업지대의 중심이며 세계적으로 유명한 전자 공업 지역인 실리콘밸리도 이 지역에 위치해 있다. 대만에서 건너 온 엔지니어들과 컴퓨터 전문가들도 모두 이 부근에 거주하고 있으며 대만 홍지컴퓨터(臺灣宏碁電腦)와 교통은행(交通銀行)도 이 지역을 중심으로 전미 각지로 뻗어 나가고 있다. 특히 남부 지역 일대의 첨단 과학 기술, 컴퓨터, 전자 산업 방면에서는 화교들이 매우 독보적인 위상을 차지하고 있다.

● 그랜트애비뉴/스톡턴스트리트

샌프란시스코 차이나타운은 미국에서 규모가 가장 크고 방문객이 가장 많은 최초의 차이나타운이다. 그 입구는 부쉬(Bush) Street의 그랜트애비뉴에 있고, 중국인들의 상업활동의 중심지는 스톡턴애비뉴이지만, 대부분의 방문객 및 관광객들이 주로 향하는 구역은 그랜트애비뉴이다.

1850년경에 창설된 차이나타운은 1906년 샌프란시스코 지진으로 파괴되었다가 이후 중국식 스타일의 건축을 이용한 오늘날의 차이나타운이 재건 및 재활성화되었다. 현재는 많은 화교들이 차이나타운이 아닌 주변의 오클랜드와 산호세 지역 등 샌프란시스코 시 전체에 흩어져 살고 있다. 하지만 차이나타운은 여전히 그들의 역사적인 정신적 지주로 남아 있다.

그랜트애비뉴의 주요도로와 여러 주변도로 외에, 차이나타운에는 'Ross Alley'를 포함한 여러 뒷골목들이 있다. 이 골목 안에는 '포춘쿠키공장'과 같이 인기 있는 상점과 작은 이발소들이 있으며, 차이나타운의 경계선에는 'Woh Hei Yuen 레크리에이션 센터'와 'Powell Street 공원'이 있다. 중국어를 구사하는 고령의 화교들 대부분은 그들의 숙소가 대개 저임금자들을 위한 것이고 작고 비좁기 때문에 이 공원의 단골들이다. 이들은 대부분 함께 모여 마작이나 중국식 포커를 하고, 아침마다 태극권을 하며, 중국 신문을 읽거나 주변을 거닌다. 이러한 모습들은 전형적인 중국 공원의 모습으로 이러한 장소들은 그야말로 미국 속의 중국, 또는 샌프란시스코 안의 광동이라고 할 수 있다. 현재 이 같은 차이나타운은 점차 쇠퇴의 조짐을 보이고 있으나 주요 거주민들 및 단골들은 주로 중장년층으로 영어를 구사하지 못하고 운송에 있어서도 매우 제한된 이동성을 지니고 있어 쇼핑과 사회 서비스를 위해 차이나타운에 남겨져 있다.

● 그 외 샌프란시스코의 차이나타운

두 번째 차이나타운은 샌프란시스코의 리치몬드 지구에 있는 클레멘트 거리에 위치하고 있다. 이 차이나타운은 1970년대에 건설되기 시작하여 현재까지 안정적인 성장을 지속하고 있다.

③ 산호세

산호세는 미국에서 11번째, 캘리포니아에서는 3번째로 큰 도시로 캘리포니아 주 화교들의 주요 근거지 중 하나이다. 화교 인구의 유입은 100여 년 전부터 시작되었으며 지금은 20만 명 이상으로 성장했다. 이곳에는 원래 많은 차이나타운이 존재하고 있었으나 현재는 상당수의 차이나타운이 해체되었다.

초기의 차이나타운은 잦은 방화에 의해 사라졌고, 농부이자 사업가인 John Heinlen의 주도로 Six Street와 Cleveland Street 지역에 'Heinlenville'이 재건되었다. 원래 이곳에는 상가, 이발소, 한의원과 한약방 그리고 'Ng Shing Gung'이라는 사원 등이 있었으나 리틀 이탈리아에 의해 둘러 쌓여 있었던 데다 1920년대 이후 젊은 세대들이 외부로 떠나가고 중국인 배제법(Chinese Exclusion Act)[6]이 시행되면서 새로운 중국인들의 유입이 중단됨으로써 점차 쇠퇴하였다.

인근의 San Mateo County에도 '역사적인' 차이나타운이 있었다. 여기에는 1860년에서 1900년까지 수십 년에 걸친 시간동안 명멸하였던 San Mateo, Menlo Park, Mayfield와 San Jose 반도의 소도시가 포함되어 있다.

산호세의 화교들은 주로 전자, 컴퓨터 등 첨단 과학 기술에 종사하는 것 이외에도 보편적으로 유통업, 레스토랑, 여행사, 숙박업, 부동산, 보험, 건축업, 수출입 무역 등의 업종에 종사하고 있다. 특히 산호세 실리콘밸리 지역의 화교들은 교육 수준이 매우 높은 편이고 평균 수입도 다른 민족보

---

6 소위 '황색 위협'(Yellow peril)을 느낀 미국이 중국인들의 미국 정착을 봉쇄하기 위하여 제정한 법안으로 1882년에 미국 의회를 통과하였다.

다 높은 편으로 비교적 높은 정치적, 경제적 위치를 자랑하고 있다.

(2) 하와이

하와이 화교의 이주 역사는 1789년으로 거슬러 올라가며 미국 화교의 가장 높은 인구집중 지역 중 하나로 대표적인 차이나타운은 호놀룰루 차이나타운이다.

North Hotel Street와 Maunakea Street에 위치해 있는 호놀룰루 차이나타운(唐人街; 華埠)은 호놀룰루 시의 주요 화교 집거지역으로 미국에서 가장 오래된 차이나타운 중 하나이다. 남쪽으로는 호놀룰루 항, 북쪽으로는 Nu'uanu stream, 동북쪽으로는 Beretania Street, 동남쪽으로는 Nu'uanu avenue와 접하고 있다.

호놀룰루 화교의 역사는 하와이 사탕수수 재배업의 호황과 함께 시작되었다. 1890년대 광동 중산(中山) 출신을 중심으로 한 계약화공들이 대규모로 사탕수수 농장 노동자로 유입되었고, 이 중 일부가 계약 만료 이후 잔류하여 상업에 종사하게 되면서 초기 화교사회가 형성되었다. 1900년 인구 통계에 의하면 화교 인구가 이 지역 전체 인구의 56%를 차지하고 있었다.

1886년과 1900년 두 차례에 걸쳐 차이나타운에 대규모 화재가 발생하여 막대한 피해를 입었는데 그중에서도 1900년의 화재는 더욱 심각하였다. 1889년 말 일부 현지 주민들이 페스트에 감염되자 폐교령이 내려지고 대대적인 방역이 실시되었다. 그럼에도 불구하고 13명이 사망하게 되자 당국은 페스트균에 감염된 가옥을 불사르기로 결정하였다. 이 과정에서 1900년 1월 20일 바람의 방향이 돌변하면서 화재가 걷잡을 수 없이 번졌고 결국 화교 마을이 거의 전소되기에 이른 것이다. 다행히 화재 발생 전 대부분의 주민들이 피신했던 까닭에 페스트균에 감염된 40여 명이 사망했을 뿐 그 밖의 인명피해는 없었다. 이후 1901년 대부분의 차이나타운 건물이 재건되었는데, 재건된 건물 중 소수를 제외한 대부분의 건물이 4층을 넘지 않았다.

제2차 세계대전 이후 1940년대에 들어서면서 호놀룰루 차이나타운은 미국의 타 지역 차이나타운과 마찬가지로 홍등가로 전락하였고, 치안 당국에 의해 치안 취약 지구로 지정되어 호놀룰루경찰국 다운타운 분소가 차이나타운에 세워졌다.

오늘날에는 범아시아와 태평양 군도의 여러 기업들이 다양하게 자리 잡고 있는데 여기에는 시장, 베이커리, 중국의 도자기 상가와 인삼한방치료를 전문으로 하는 상가가 포함되어 있으며 베트남 쌀국수에 홍콩 스타일의 딤섬을 제공하고 있는 레스토랑의 다양성으로 차이나타운은 활기를 띠고 있다.

또한 호놀룰루의 차이나타운은 한때 1911년 혁명에 있어 일련의 십자군 역할을 했고 이를 기념하는 박물관이 세워졌다. 최근의 개발과 기획은 한 때 쇠퇴하던 우범 지역을 전통적인 중국 바자회와 가족상점이 혼합된 아시아 고급예술지구로 극적으로 변형시켰다.

(3) 뉴욕

뉴욕의 화교 역사는 뉴욕 시와 밀접한 관련이 있다. 중국인들은 1868년 초 뉴욕 시에 처음 발을 디뎠다. 1800년대 후반 이후 화교들은 서부뉴욕에 주로 분포하였는데 대부분 버팔로, 시라쿠사시, 올버니 등의 수도권에 거주하고 있었다. 또한 뉴욕 시 인근에 있는 용커스 시에도 상당 규모의 화교인구가 있었지만, 이후 더 성장하지 못하고 뉴욕 시의 대규모 차이나타운에 근접해 있어 대략 50명으로 유지되었다. 1970년대 이후, 용커스에는 뉴욕 수도권과의 연합으로 900명 이상의 화교들이 거주하고 있다.

① 뉴욕북부의 화교 역사

버팔로 커리어(Courier) 뉴스기사에 따르면, 화교들은 1800년 후반 샌프란시스코로부터 버팔로 지역으로 이주, 정착하였다. 초기의 인구는 총 140명이었다가 이후 중국인 배제법에 의해 76명으로 감소하면서 미시간(Michigan) Street, 브로드웨이(Broadway), 오크(Oak) Street, 윌리엄(William) Street 등 주변 지역으로 흩어졌다. 비록 현재 중국식당과 세탁소 등이 영업 중이지만 버팔로의 화교 인구는 여전히 소수이다.

시러큐스에는 단 27명의 화교들이 있는데 주로 남부 사우스 살리나(South Salinas) Street, 오넌다가(Onondaga) Street, 오스위고(Oswego) Street 인근에 거주하고 있으며 역시 세탁소와 중국식당을 운영하고 있다. 이곳 역시 이른바 중국인 배제법에 의해 인구수가 대폭 감소되었다.

② 올버니

2010년 미국 인구통계자료에 따르면 뉴욕의 수도 올버니에는 약 3,000명의 아시아 인구가 있으며 이 중 대략 1.2%를 차지하는 화교들의 본거지이다. 올버니의 초기 중국인들에 대해서는 1877년 브로드웨이에 위치해 있는 1세대 중국기업이 등록되기 전에는 문서상의 기록이 없었다. 1886년에서 1920년대까지 화교 인구가 계속 증가하여 세탁소의 수만 9개에서 24개로 증가하였으나 다른 대부분의 지역에서처럼 중국인 배제법으로 인해 더 이상의 인구 증가가 없었다. 기록에 의하면 올버니로 이주한 초기 화교들의 대부분은 뉴욕 시의 중심 지구에서 정착했던 이들의 일반적인 이주경로인 허드슨 강을 통해 이주한 것으로 알려져 있으며 이들 중 상당수는 그린 스트리트와 허드슨 어베뉴(Hudson Avenue) 주변에서 거주했다.

20세기 1982년 유명한 뉴욕 주지사 Ed Koch가 올버니에는 제대로 된 중국식당이 하나도 없다고 했을 만큼 올버니 역사는 문화적 허브로서의 명성에 부응하지 못했다. 그러나 비즈 저널(Biz Journals)의 기사에 따르면 번영하고 있는 나노기술과 첨단기술 부문으로 인해, 2013년 초까지 Central Avenue에 다양한 아시아 상점과 찻집이 들어서면서 수도권의 증가하는 화교 공동체에 필요한 서비스를 제공하는 새로운 차이나타운이 되어가고 있다.

③ 뉴욕

뉴욕은 아시아를 제외한 기타 지역 중 화교인구가 가장 많은 지역으로 2012년 현재 최소한 9개의 차이나타운에 735,019명이 거주하고 있다. 원래의 맨해튼(Manhattan) 차이나타운 이외에, 세 곳은 퀸즈(코로나에 있는 Flushing 차이나타운, Elmhurst 차이나타운과 신생 차이나타운)에, 세 곳은 브루클린(Sunset Park 차이나타운, Avenue U 차이나타운, Bensonhurst 차이나타운)에, 그리고 롱아일랜드의 에디슨, 뉴저지와 나소 카운티에 각각 위치하고 있다. 뉴욕 화교의 역사는 1870년대 이른바 골드러시로 인한 맨해튼 이주로부터 시작되었다. 1880년까지 Five Points 인근의 소수민족이 약 200명에서 약 1,100명까지 증가된 것으로 추정되었으나 1882년 제정된 중국인 배제법을 통해 미국 화교 인구가 급감하였으며 뉴욕 화교 또한 급격히 감소하였다. 이후 1943년 화교들에게 수출입 할당량이 주어진 이래 1968년까지 화교인구는 점진적인 증가세를 보였다.

● 맨해튼

서반구에서 가장 많은 화교 인구가 밀집해있는 뉴욕차이나타운(紐約華埠)은 맨해튼 자치구에 위치하고 있다. 맨해튼 차이나타운의 확대는 동부 브로드웨이와 인근의 'Little Fuzhou(福州)'에서 비롯되었는데, 이곳에는 주로 중국 본토 복건(福建)지방 출신 화교들이 거주하고 있다. 이밖에 'Little Fuzhou' 주변 지역은 대부분 초기 중국 정착민들인 광동지방의 광동 이주민들로 구성되어 있다.

맨해튼의 차이나타운의 초기 정착민들은 대부분 광동방언을 구사하는 중국 광동지방과 홍콩출신, 그리고 상하이 출신이었다. 이들은 주로 모트(Mott)와 캐널(Canal) Street에 의해 둘러싸여 있는 지역에 거주했다. 한편 복주를 비롯한 복건에서 온 이후의 이주민들은 주로 동부 브로드웨이에 의해 경계가 정해진 지역에 정착하였다. 현재의 차이나타운은 대략 북쪽으로는 그랜드(Grand) Street, 서쪽으로는 브로드웨이(Broadway), 동쪽으로는 크리스티(Chrystie) Street, 그리고 남쪽으로는 이스트 브로드웨이(East Broadway)를 경계로 하고 있다. 이스트 할렘(East Harlem)에서는 새로운 화교 공동체가 급속도로 성장하여, 미국 인구통계에 따르면 맨해튼의 화교인구가 2000년에서 2010년까지 약 10년 동안 거의 3배 가까이 증가하였다. 이 지역은 맨해튼 내 새로운 위성 차이나타운 중 가장 빠른 성장세를 나타내는 지역으로 맨해튼에서 두 번째, 뉴욕 시에서 8번째, 뉴욕 시 메트로폴리탄 권역 전체에서 10번째 규모의 차이나타운으로 발전하였다.

● 퀸즈

뉴욕 퀸즈 자치구의 플러싱(Flushing) 지역에 있는 플러싱 차이나타운은 뉴욕 내부에서 뿐만 아니라 아시아 이외의 지역 중 가장 빠르게 성장하는 대규모 화교집거지 중 하나로 루즈벨트 어베뉴(Roosevelt Avenue)와 연결되어 있는 중심가와 서부 지역이 플러싱 차이나타운의 중심지가 되어 왔으며 근래에는 남동쪽으로 키세나(Kissena) 대로와 북쪽으로는 노던(Northern) 대로로 확장되어가고 있다. 1970년대 대만 출신의 이주가 급증하였고, 그 뒤를 다른 중국인 집단이 따랐다. 1990년까지 아시아인들이 플러싱 인구의 41%를 차지했으며 화교들이 이 중 41%를 차지했다. 이와 같은 추세를 감안할 때 플러싱 차이나타운은 몇 년 안에 맨해튼 자치구의 뉴욕 차이나타운의 규모와 인구를 초월할 것으로 보이며, 이는 이미 진행 중이다. 퀸즈 자치구의 또 다른 지역인 엘머스트(Elmhurst)도 급속도로 증가하는 화교 집거지이며, 최근 코로나(Corona) 지역에 세 번째 화교집거지가 새로이 성장하고 있다.

● 브루클린

롱 아일랜드 퀸즈와 브루클린에 있는 뉴욕 시 위성 차이나타운은 뉴욕으로의 대규모 중국인 이민이 지속되면서 아시아를 제외하고는 수도권 지역에서 화교 인구가 가장 많은 전통적인 도시형 민족집거지로 성장하였다.

브루클린의 선셋파크에 위치해 있는 이 신흥 차이나타운은 원래 맨해튼의 차이나타운과 마찬가지로 광동 출신 이주민들이 정착했다. 그러나 최근 몇 십 년 동안 복주 출신 이주민들이 브루클린의 차이나타운에 대규모로 유입되면서 현재는 복주 출신 화교들의 본거지가 되었다. 1980년대에서 1990년대에 이르는 기간 동안 새로 도달하는 복주 출신 이주민들은 대부분 맨해튼의 차이나타운 내에 정착하였으며, 1세대 '리틀 복주 공동체'가 맨해튼 차이나타운 안에 있는 뉴욕 시에 형성되었다. 그러나 이후 2000년대까지 복주 출신 화교들의 대규모 이주의 목적지가 브루클린의 차이나타운으로 옮겨가면서 현재는 뉴욕 시에서 가장 빠르게 성장하고 있는 최대 규모의 복주 출신 화교의 본거지로 성장하였으며 브루클린 차이나타운 전체가 뉴욕의 새로운 '리틀 복주 공동체'로 빠르게 통합되어 가고 있다. 현재는 중국 절강성의 온주(溫州) 출신 화교들의 공동체가 새롭게 성장하고 있다. 또한 여전히 대규모의 광동 출신들이 일정 규모의 공동체를 유지하고 있으나 그 규모는 점차 축소되어가고 있는 실정이다. 한편 브루클린 차이나타운의 위성 차이나타운으로는 브룩클린 자체 즉 Avenue U 차이나타운과 Bensonhurst 차이나타운 등이 있다.

3. 캐나다 차이나타운

1) 개황

캐나다의 주요 차이나타운은 대개 밴쿠버(Vancouver), 에드먼턴(Edmonton), 캘거리(Calgary), 토론토(Toronto)와 몬트리올(Montreal)의 대도시에 존재하며, 이 밖에 캐나다 역사 전체를 통해 일부 중소 도시에도 형성되었다. 1900년 이전, 거의 모든 중국인들은 영국령 콜롬비아에 거주하고 있었지만, 이후 캐나다 전역으로 확산되었다. 1923년에서 1967년까지, 중국으로부터의 이민은 중국인 배제법에 의해 중단되었으나 1997년 홍콩이 중국으로 반환되면서 많은 중국인들이 캐나다로 이주하였다. 『Globe & Mail』의 한 기사에 따르면, 캐나다에는 1930년대부터 1940년대까지 총 25개의 차이나타운이 있었으나 이후 그중 일부가 해체되었다.[7]

차이나타운은 1788년 첫 번째 중국인 이주에 대한 기록 이후, 1880년 이래 캐나다 태평양철도 건설과 함께 줄곧 존재해왔다.[8] 최초의 캐나다 이민 중국인들은 1788년 캐나다 서부해안에 착륙했으며 캐나다의 다문화 사회와 통합되었다.[9]

차이나타운 형성 과정 중 캐나다 화교들의 주요 역사적 사건들을 연대 별로 정리해보면 다음과 같다.[10]

---

7 "Chinatown is gone, gone to heaven".(http://hogtownfront.blogspot.kr/2006/06/quebec-citys-Chinatown-gone-but-not.html)

8 Chuen-yan David Lai (1988). Chinatowns: Towns Within Cities in Canada. UBC Press. pp. 175-.

9 Moments of Chinese Canadian History.(http://ccnc.ca/toronto/history/timeline.html)

10 Moments of Chinese Canadian History.(http://ccnc.ca/toronto/history/timeline.html)

주요 사건 연대표

1788	중국인 캐나다 이주 최초 기록
1858	플래셔 강(Fraser River) 골드러시(Gold Rush)
1861	1세대 캐나다 화교 출생
1872	영국령 콜롬비아 거주 화교의 공민권 박탈
1880	캐나다 태평양 철도 공사에 다수의 중국인 고용
1923	중국인 배제법 통과. 캐나다 화교들에 대한 박해
1957	화교의 참정권 허용. 적극적인 정치 참여
1967	중국인 이민에 대한 규제 완화
1980 중반-2000	홍콩이 중국에 반환되면서 홍콩인들의 대규모 캐나다 이민이 이루어짐

중국인과 캐나다 화교를 포함한 범 중국계 캐나다인들은 캐나다 전체 인구의 약 4%를 차지하며 2006년 기준 약 130만 명 정도로 추산된다.[11] 화교 공동체는 아시아계 소수민족 집단 중에서 가장 큰 집단으로 아시아계 소수민족 인구의 약 40%를 차지하며 그들 대다수는 온타리오(Ontario)와 브리티시 콜롬비아(British Columbia) 지역에 집중되어 있다. 캐나다의 5大 화교 공동체 지역은 토론토(537,060명), 밴쿠버(402,000명), 몬트리올(120,000명), 캘거리(75,410명), 에드먼턴(53,670명)이다.

11 "Ethnocultural Portrait of Canada - Data table". 2.statcan.ca. 2010-06-10. 검색일: 2013-05-02.

2) 주요 차이나타운

(1) 토론토

온타리오 토론토 시내의 차이나타운은 Dundas Street West와 Spadina Avenue를 따라 형성되어 있으며 화교 및 그 기업들이 집중적으로 밀집되어 있다. 19세기 후반 처음 개발이 시작되어 북미에서 가장 큰 차이나타운 중 하나이자 토론토 대도시권의 주요 화교 공동체 중 하나로 자리 잡았다.[12]

(2) 밴쿠버

브리티시 콜롬비아 주의 밴쿠버 차이나타운은 캐나다에서 규모가 가장 큰 차이나타운으로 화교 거주지는 펜더(Pender) 스트리트에 집중되어 있다. 이곳은 개스타운으로 둘러싸여 있으며 서쪽으로는 시내의 재정 및 중앙 비즈니스 지역, 북쪽으로는 다운타운 이스트사이드(Downtown Eastside), 북동쪽으로는 재팬타운(Japantown)의 일부, 그리고 동쪽으로는 토론토 주거 지역이 있다. 차이나타운의 경계는 밴쿠버 시에 의해 펜더 스트리트와 헤이스팅스(Hastings), 조지아(Georgia), 고어(Gore) 및 테일러 스트리트(Taylor Streets) 사이에 있는 골목으로 지정되었다.[13]

(3) 몬트리올

몬트리올 차이나타운은 몬트리올의 De la Gauchetière 스트리트 지역에 위치해 있다. 그 주변에는 아시안 식당, 부식품시장, 편의점 등이 자리 잡고 있어서 몬트리올 화인병원(Montreal Chinese Hospital), 몬트리올 화인커

12 "Changes to Toronto's 차이나타운: Toronto's First 차이나타운 and Downtown 차이나타운" CCNC Toronto Chapter(http://www.ccnctoronto.ca/?q=node/244). Retrieved 2013-01-06.

13 Map of official boundaries of 차이나타운. City of Vancouver website.

뮤니티(Montreal Chinese Community) 및 문화센터 등 대부분의 몬트리올 동아시아 커뮤니티센터 본거지가 되고 있다.

(4) 캘거리

캘거리 차이나타운은 앨버타에서 가장 큰 차이나타운으로, 이곳에는 Dragon City Mall이라는 대형 쇼핑센터와 캘거리 중국문화센터 등이 있는데, 원래 캘거리 차이나타운에는 밴쿠버 등 비교적 긴 역사를 가진 차이나타운과 같은 전통적인 중국식 주거와 상업을 겸하는 공간적 특성이 없었고 중식과 양식을 겸하는 극소수의 식당만이 자리 잡고 있었다. 현재의 차이나타운의 모습은 거의 모두 1930년대 이후 형성된 것들이라고 할 수 있다.

(5) 에드먼턴

차이나타운과 리틀 이탈리아(Little Italy)는 에드먼턴 시에 의해 건설된 비즈니스 활성화 구역(BRZ)으로 대략 시 중심가 주변에 있는 비공식적인 차이나타운과 리틀 이탈리아 소수민족 거주지로 구성되어 있다. 이 같은 BRZ 영역 안에는 소수민족 거주지 내의 상업지구들만 위치하고 있다.[14]

---

14 "차이나타운 and Little Italy Business Association :: City of Edmonton". Edmonton.ca. Retrieved 2013-01-06.

4. 라틴아메리카 차이나타운

1) 개황

라틴아메리카의 차이나타운은 19세기 이래 농어업 방면의 노동력 수요에 따라 계약 화공(華工)들이 라틴 아메리카 각 국으로 이주하게 되면서 형성되기 시작하였다. 원래 이들 계약 화공들은 대부분이 중국 광동 출신들이었지만 1970년대 이후 홍콩, 마카오, 대만 출신들의 이주가 점차 증가하였다. 라틴아메리카 화교들 대부분은 광동과 객가(客家) 출신으로 라틴아메리카 화교의 수는 정확한 수치는 알 수 없으나 최소한 140만 명 이상인 것으로 추정된다.

라틴아메리카의 차이나타운 인구에는 중국 이주민과 라틴아메리카 혈통의 자손, 그리고 동 아시아의 최근 이주민들이 포함된다. 앵글로 아메리카와 유럽의 차이나타운과는 달리, 순수혈통의 중국인들은 비교적 소수이지만 라틴아메리카의 주요 구성 부분으로 매우 빠른 증가세를 보이고 있으며 이들은 대부분 다중언어를 사용하고 있다.

라틴아메리카의 주요 차이나타운으로는 멕시코시티, 하바나, 부에노스아이레스, 리마 등의 차이나타운이 포함되어 있다. 이러한 차이나타운 중 일부는 주로 관광명소로 사용되고 있으며 실제로 화교들이 거주하고 있는 민족집거지는 아니다.

라틴 아메리카의 여러 국가들은 정치적으로 대만에 있는 중화민국 정부를 인정하고 있어 파나마시티에는 전 대만 총통인 이등휘(李登輝:리덩후이)의 파마나 방문을 기념하는 패루(牌樓)가 세워져 있으나 쿠바의 경우는 예외로, 1995년 피델 카스트로가 중화인민공화국을 정식 방문한 후 하바나 차이나타운의 'Dragon 거리'에 중국식 패루(牌樓)가 세워졌다.

2) 주요 차이나타운

(1) 브라질

브라질 화교 공동체는 상파울로의 리베르다 데 지역에 집중되어 있다. 브라질에서 일본인의 규모와 세력이 확대되면서 대다수 중국인 이주민들이 이곳에 정착하게 되었으며, 이들 중국인 중 상당수의 이주민들은 1949년 대륙에서의 공산주의 혁명 이후 이주한 사람들이다. 또한 홍콩과 마카오에서도 1997년에서 1999년 사이 홍콩과 마카오가 중국에 반환되는 과정에서 대규모로 이주가 이루어졌다. 이 중 특히 마카오 출신의 이주가 많았는데 이들의 브라질 이주는 포르투갈어를 구사할 수 있어 브라질에서의 적응이 용이하다는 점이 작용하였다. 이밖에 인도네시아에 거주하던 많은 화교들이 1960년대 인도네시아에서의 추방에 의해 이곳으로 도피하여 정착하기도 하였다. 오늘날, 화교는 일본인 다음으로 브라질에서 두 번째로 큰 아시아 집단이다. 리베르다 데 지역은 서로 다른 다양한 아시아의 문화가 공존하고 있는데, 상파울로의 화교 공동체는 쇼핑지역과 상파울로의 오래된 다운타운인 Março Street 25번가에 집중되어 있다.

(2) 멕시코

멕시코의 화교들은 주로 이민 초기 계약직 노동자로 건너온 사람들이거나 20세기에 들어 정치적 망명자 신분으로 중국 본토에서 이주한 사람들이지만 일부 마닐라와 아카풀코를 잇는 '갈레온선 무역' 루트를 따라 이동한 필리핀계 중국인들이 포함되어 있다. 1930년대에 멕시코에 반중국 감정이 확대되면서 중국과 멕시코 혼혈을 포함한 대부분의 중국계 멕시코인들이 멕시코에서 강제로 추방당해 중국으로 되돌아가기도 하였다. 현재 멕시코시티에는 도심의 Dolores 거리에 소규모 차이나타운이 있다.

이밖에 멕시코 바하칼리포르니아의 국경도시인 맥시칼리(Mexicali)에는 유서 깊은 중국인 전초기지가 있는데 이곳에는 현재까지도 대규모의 화교 거주지가 밀집해있다. 이곳의 Madero Calle Azueta 대로에 있는 차이나타운은 라 차이니스카(La Chinesca; 또는 The Chinesque one)라고 불린다. 이곳의 화교들은 캘리포니아에서 제도화된 중국인 배제법을 피해 남하한 초기 미국 정착민들 중 일부이며, 1919년 이후 중국 광주(廣州)에서 다수의 중국들이 이주하기도 하였다. 당시 이곳에는 국민당의 지역지부가 설립되었고, 현재는 중화인민공화국 영사관이 설치되어 있다. 한편 1980년대에는 멕시코의 경제난으로 인해 많은 화교들이 다시 미국으로 이주하기도 하였다. 또한 오늘날에는 도시 전체에 많은 화교 기업 및 상가들이 설립, 운영되고 있다. 현재 작은 커피숍(cafés de chinos)에서 대규모 식당까지 약 80개 이상의 중국식당이 존재하며 대략 2,000여 명의 화교들이 거주하고 있다. 그러나 중국인 혈통의 전체 인구는 10만 명이 넘을 것으로 추산된다.

(3) 쿠바

쿠바 화교의 이민은 1847년 광동 출신의 계약 화공들이 쿠바의 사탕수수 농장에 동원되면서 시작되었다. 이후 10년 동안 아프리카 노예노동을 대체하기 위해 홍콩, 마카오, 대만 등지에서 수천 명의 화공들이 연이어 이주하였는데, 이들 중 대부분은 약 8년의 계약기간이 끝난 후 자손들이 현지 쿠바인들과 결혼하게 되자 쿠바에 영구적으로 정착하였다.

원래 쿠바 화교는 라틴아메리카 국가 중 인구가 가장 많았지만 1959년 쿠바혁명 이후 화교 사업가들 대부분이 미국으로 떠났고 1960년 이후 중국인들의 이주가 더 이상 이루어지지 않았다. 이에 따라 오늘날은 그 규모가 대폭 축소되어 쇠락의 길을 걷고 있는 하바나 zanja 거리의 La Habana 차이나타운 주변에 산재하여 거주하고 있다. 그러나 최근 관광산업을 중심으로 한 경제개혁의 실시로 중국 기업 및 개인 투자자, 그리고 중국계 캐나다인들의 차이나타운에 대한 투자활성화를 이끌어내기 위한 노력이 진행되고 있다.

(4) 도미니카 공화국

하바나의 차이나타운이 자기보존을 위해 분투하는 동안, 도미니카 공화국 수도 산토도밍고의 Duarte 대로에서 새로운 차이나타운이 형성되기 시작하여 2006년 공식 개관되었다.[15] 이곳에는 최소한 40여 개의 화교기업이 운영되고 있으며 현재 관광명소로도 각광받고 있어 두 개의 새로운 패루(牌樓)가 세워지는 등 차이나타운의 개발이 활기를 띠고 있다. 1세대의 화교들은 대부분 1970년대에 홍콩, 대만으로부터 이주해온 사람들이었고 20세기 초부터 아시아 기타 지역에서의 이주가 증가하였다.

(5) 페루

페루의 주요 차이나타운은 리마의 Calle Capón에 위치해 있으며 '바리오 치노'라고 부른다. 서부반구에 있는 두 개의 초기 차이나타운 중 하나이며, 중국풍의 다양한 건축물들이 들어서 있다.

페루 화교들이 주로 분포하고 있는 주요 도시로는 중국인 사탕수수 노동자들의 초기 이주지였던 북부해안의 Chimbote, Trujillo, Chiclayo[16] 등이 있다. 이밖에 페루의 아마존 지역으로의 중국인 이주 역사는 이키토스에서 몇 마일 떨어져 있는 "Chino"라는 이름을 가진 작은 마을에 대한 기록을 통해 확인할 수 있다.

(6) 베네수엘라

베네수엘라 역시 라틴아메리카의 가장 큰 규모의 화교 집중 거주 지역 중 하나이다. 베네수엘라의 주요 화교 공동체가 있는 칼라보보 차이나

---

15 "The Oriental Side of Santo Domingo". Diario Libre. 2005-09-20. Retrieved 2007-05-16.

16 Asociación Peruano-China, entry retrieved 5 Dec. 2012.

타운에는 오리훈제, 진품 도자기 등 중국문화를 접할 수 있는 여러 개의 시장이 있으며 중국어로 된 현지 신문이 발행되고 있다. 또한 카라카스의 주요 대로인 El Bosque 지역은 화교와의 관련이 없는 곳을 찾아보기 힘들 만큼 집중적인 화교 거주지 중 하나이다.

베네수엘라인 화교들 사이에서 주로 사용되는 언어는 코이산어나 토이산어로 알려져 있는 광동방언이지만, 최근 대만 출신 화교들이 늘어나면서 언어, 문화적 측면에서 더욱 다양해지고 있다. 이밖에도 1970년대 페르디난드 마르코스의 통치 하에서 박해를 경험했던 필리핀 출신과 피델 카스트로의 공산주의 혁명에 의해 생업을 잃었던 쿠바 출신 등 기타 지역의 이주민들이 증가하고 있다.

(7) 코스타리카

뿐따레나스와 산호세에 비교적 큰 규모의 화교 공동체가 있는데, 이곳에는 최근 이주한 대만 출신 화교들이 설립한 기업들이 자리 잡고 있다.

2012년 12월 5일, 산호세의 Paseo de los Estudiantes 거리에 차이나타운이 정식으로 개설되었는데, 이곳에는 500미터 정도 길이의 보행자 도로와 중국 당대(唐代)의 양식을 본뜬 패루(牌樓)가 세워졌다. 또한 아시아 각국의 음식을 제공하는 식당과 공예품, 의료품 등을 판매하는 소매상가가 문을 열고 있다.[17]

(8) 파나마

파나마의 주요 차이나타운은 수도인 파나마 시티의 산 펠리페 인근에 위치해 있으며 '바리오 치노'라고 불린다. 이곳은 Carlos A. Mendoza 스트리트에서 시작하여 Veraguas 스트리트, Eloy Alfaro와 B Avenue 쪽으

---

17 "Costa Rica: el Barrio Chino se suma a atractivos turísticos de San José", El Comercio (Lima), 5 Dec. 2012.

로 열린 4개의 문이 있다. 이 중 Carlos A. Mendoza Street 쪽에 대부분의 전통 중국 상점과 식당들이 위치해 있다.

5. 오세아니아 차이나타운

1) 주요 차이나타운

(1) 호주

아시아 대륙에서 가까운 호주에는 중국과 그 외 아시아인들의 대량 이주가 있어왔고 그들 대부분은 홍콩과 광동 출신이다. 중국, 마카오, 대만, 한국, 동남아시아(특히 베트남, 라오스, 캄보디아, 필리핀, 인도네시아), 라틴 아메리카 등 여러 지역의 중국인들 역시 호주에 정착했다.

중국 광동과 복건 출신의 초기 중국인들은 골드러시 시기 동안 호주로 이주했는데 이들은 주로 광동, 중산(中山), 복건과 객가 출신의 중국인들이었다. 이후 북미에서와 같이 중국인은 제도화된 차별에 직면했으며 아시아인의 이민은 1880년대 후반의 인종주의에 의해 제한되었다. 이는 1970년대 다문화정책의 실시와 함께 폐지되었고, 이로 인해 홍콩과 중화인민공화국으로부터의 새로운 이민이 시작됨으로써 호주 곳곳에 많은 차이나타운이 생겨났다.

(2) 뉴질랜드

홍콩, 대만, 광동 출신의 이주민들 대부분이 뉴질랜드에 영구적으로 거주하고 있으며, 오클랜드 Greys Avenue와 웰링턴 Haining Street 등지의 차이나타운이 1970년대까지 꾸준히 성장하였다.

뉴질랜드의 초기 화교들은 광동 출신들로 이들은 골드러시 시기인

1861년 Central Otago에 정착하였다. 1860년대 광동 출신 이주민들의 유입으로 인해, 더니든에 많은 중국인이 정착하였고 이곳에는 뉴질랜드의 유일한 중국 전통 정원이 있다. 이 정원은 현재 센트럴 시티의 기능을 하고 있다. 비록 더니든에는 정식의 차이나타운은 없지만, 주변 일부 지역에는 화교들의 거주가 집중된 화교 공동체가 존재하고 있다.

상당수 대만과 홍콩 출신 정착민들 역시 뉴질랜드에 영구적으로 정착하고 있으며 최근에는 한국, 남아프리카, 호주, 라틴아메리카, 태평양군도 등지에서의 이주도 계속되었다.

6. 아프리카 차이나타운

1) 개요

아프리카의 주요 차이나타운은 마다가스카르(Madagascar), 모리셔스(Mauritius), 남아프리카공화국(South Africa) 등 세 곳에 위치하고 있다. 과거 유럽의 식민지였던 이들 해안 국가들은 1890년대에서 20세기 초까지 중국 이주민들의 주요 수용지였다. 초기 중국인들은 남아프리카의 트란스발(Transvaal) 금광 개발과 마다가스카르 타나나리브 타마타브(Tananarive Tamatave) 철도 건설 노동력 수요에 의해 유입되었다. 이 중에서도 남아프리카공화국은 초기 중국인 이주자들이 가장 선호하는 이민지였다.

2) 주요 차이나타운

(1) 마다가스카르

마다가스카르에는 대략 3만여 명의 화교들이 살고 있으며 그들 대부분은 광동 주강(珠江) 삼각주 출신이다. 'Quartier Chinois(Chinatown의 프랑스어)'라 불리는 차이나타운은 수도인 안타나나리보(Antananarivo)에 위치해 있다.

(2) 모리셔스

모리셔스의 Quartier chinois는 루 로얄(rue Royale)의 포트 루이스(Port Louis)시에 있다. 객가 출신이 화교 인구의 대부분을 차지하고 있는 이 차이나타운은 1944년에 창설되었으며 매해 매우 유명한 '중국음식 및 문화 축제(Chinese Food and Cultural Festival)'가 열리는데 일반적으로 모리셔스인들 전체가 참여한다.

(3) 남아프리카

남아프리카의 차이나타운 요하네스버그(Johannesburg) 시릴딘(Cyrildene) 교외의 데릭가(Derrick Avenue)에 위치하고 있다. 시릴딘 차이나타운의 화교들 대부분은 중국 본토 출신의 이주민들이다.[18] 1970년 후반에서 1980년대까지 주로 대만 출신 화교들이 남아프리카 곳곳에 정착했으나[19] 1998년 남아프리카가 중화인민공화국을 인정한 후 중국 본토 출신 중국인들의 대규모 이주가 이루어졌으며 이들의 거주 지역은 남아프리카 전역으로 확산되었다.

---

18 John Matshikiza (Jan 22, 2007). "Hoe's my China nou?". Mail and Guardian Online. Retrieved June 1, 2011.

19 Yap, Melanie; Leong Man, Dainne (1996). Colour, Confusion and Concessions: The History of the Chinese in South Africa. Hong Kong: Hong Kong University Press. p. 510.

7. 유럽 차이나타운

1) 개 요

유럽의 각 주요도시들에는 거의 대부분 차이나타운이 존재하고 있다. 영국의 경우, 수도인 런던(London)을 포함하여 맨체스터(Manchester), 버밍엄(Birmingham), 리버풀(Liverpool) 등 주요 도시에 모두 차이나타운이 있으며, 프랑스의 파리(Paris)에는 두 곳의 차이나타운이 있다. 한 곳은 베트남 화교 출신들이 정착해 있는 파리 XIIIe 어란디스먼트 Quartier chinois이고 다른 한 곳은 파리의 북동부에 있는 Belleville이다. 이밖에 독일의 베를린(Berlin), 벨기에의 앤트워프(Antwerp)에도 화교 공동체가 자리하고 있다.[20]

유럽의 초기 화교들은 대부분 선원의 신분으로 유럽의 여러 항구도시들에 정착하여 공동체를 형성하였다. 유럽에서 가장 오래된 차이나타운은 영국의 리버풀에 있다. 리버풀 차이나타운은 면과 비단을 상하이로부터 수입하기 시작했을 때인 19세기 초에 설립되었다. 영국 런던의 초기 차이나타운은 중국인 선원들에 의해 형성되었으며 1950년대 홍콩을 통한 대규모 이주가 이루어지면서 런던 소호(Soho) 지역에 두 번째 차이나타운이 세워졌다. 한편 프랑스의 차이나타운은 1910년 즈음 절강(浙江) 출신의 중국인 노동자들에 의해 설립되었다. 또한 포르투갈의 식민지였던 마카오의 일부 중국인들은 포르투갈에 정착하여 차이나타운을 형성하였다. 이밖에 이탈리아 로마의 에스퀼리노(Esquilino)에도 일부 불법 이민자들을 비롯한 초기 화교들을 주 구성원으로 하는 차이나타운이 자리하고 있다.

---

20 "China Town Antwerpen". China Town Antwerpen. Retrieved September 3, 2013.

2) 주요 차이나타운

(1) 영 국

영국 화교들의 거주지는 특정 지역에 국한되지 않고 여러 지역에 분산되어 있는 편이다. 따라서 대부분의 대도시에 차이나타운이 자리 잡고 있다. 영국 최대 규모의 차이나타운은 소호 지역의 중앙런던(central London)에 1950년대에서 1960년대에 걸쳐 형성되었다. 이밖에도 리버풀, 버밍엄, 맨체스터, 리즈(Leeds), 뉴캐슬(Newcastle)에서도 차이나타운을 찾을 수 있다.

런던의 차이나타운은 주로 중국식당과 기업들이 들어서 있는 상업적인 공간으로 레스터 스퀘어(Leicester Square)로 통하는 워도어(Wardour)에 중국풍 패루(牌樓)의 건설과 5천만 파운드를 투자한 고급 주택지로의 재건축이 진행되고 있다. 이는 동부런던 재생의 일환으로 라임하우스에 있었던 런던의 원래 차이나타운을 복원하는 계획이다. 포크너(Faulkner)에 있는 맨체스터의 차이나타운은 런던 다음으로 규모가 큰 차이나타운이다. 과거 영국이 통치하던 홍콩 출신 이주민들이 대부분인 이곳의 화교들은 그레이터맨체스터(Greater Manchester) 지역에 정착해 있다. 현재는 홍콩 출신 이주민 인구는 답보 상태에 있으며 본토 출신 인구가 점차 증가하고 있다.

버밍엄의 차이나타운은 제2차 세계대전 이후 1960년대 홍콩으로부터의 이민의 결과로 허스트(Hurst)에 화교 인구가 집중되면서 형성되었으며, 1980년대에 들어 공식적으로 인정되었다. 이곳은 매해 버밍엄 극장에서 열리는 춘절(春節, 중국의 설 명절) 축제와 대형 차이니스 마켓인 Wing Yip 본점, 그리고 다양한 중국 식당으로 유명하다. 뉴캐슬의 차이나타운은 초기에 스토웰(Stowell)을 중심으로 형성되었으며 최근 많은 중국기업들이 들어서면서 주변의 웨스트게이트 로드(Westgate Road)까지 확장되었다. 리버풀의 차이나타운은 듀크(Duke)가에 있으며 유럽에서 가장 오래된 차이나타운이다. 입구에 위치해 있는 패루(牌樓) 역시 중국 본토 이외의 지역에 있는 것

중에서 가장 큰 것으로 현재 재건 중에 있다.

리즈에는 공식적인 차이나타운이 없지만, 도심지의 북동부 지역은 중국 식당, 슈퍼마켓, 그 외의 기타 중국 상점들이 들어서 있어 오랫동안 차이나타운으로 불려 왔다. 중국풍의 패루(牌樓)를 건설함으로써 이 지역을 공식적인 차이나타운으로 개발하려는 계획은 화교 인구가 도시 전체와 외곽으로 산재되어 있음으로 해서 어려움을 겪고 있다. 이러한 계획은 더 많은 화교 인구와 중국을 비롯한 아시아 식당이 도심에 집중되는 과정에서 실현될 수 있을 것이다.

(2) 프랑스

프랑스의 화교 인구는 2004년 약 60만 명에서 2007년 약 70만 명으로 증가하였으며[21] 파리의 제13구역(13th arrondissement)에 유럽에서 가장 큰 차이나타운이 있다. 파리의 차이나타운에는 Avenue de Choisy, Avenue d'Ivry, Porte d'Ivry(Gate of Ivry)와 주변 교외 Le Kremlin-Bicêtre까지에 걸쳐 약 5만 명의 화교들이 베트남, 라오스인들과 함께 거주하고 있다. 제2차 세계대전 이전 파리의 차이나타운은 주변부의 가난한 지역에 위치해 있었으나 1900년대 rue au Maire 인근 Arts et Métiers quarter 일대, 그리고 1920년 이후 현재 Sainte-Anne 거리 주변 La Madeleine-Opera 지역으로의 잇따른 이민 물결을 통해 형성되었다. 또한 프랑스에서 두 번째로 큰 차이나타운은 파리 Marne-la-Vallée 동쪽의 뉴타운 지역에 위치해 있다.[22]

이밖에 1856년 비단산업으로 인해 일찍이 중국과 관계를 맺게 되었던 리옹에도 Passet 거리, d'Aguesseau 거리와 Pasteur 거리의 제7구역 근처 Guillotiere와 Basse Combalot, Marseille와 Montesquieurjfl에 차이나타운

---

21 Pierre Picquart (2004). L'empire chinois: Mieux comprendre le futur numéro 1 mondial: histoire et actualité de la diaspora chinoise. Favre Sa. ISBN 978-2-8289-0793-8. Retrieved 3 September 2013.

22 "Le Nouvel An Chinois" (in French). Noisy le Grand. Retrieved September 3, 2013.

이 형성되었으며, 이곳에는 약 15,000여 명의 화교들이 거주하고 있다.[23]

(3) 포르투갈

포르투갈의 주요 차이나타운은 리스본(Lisbon)에 위치해 있는데 대부분 쇼핑센터의 형태로 되어 있다. 포르투갈 중국 이주민들 대부분은 1999년 마카오의 중국 반환과 함께 이주한 사람들이며, 이밖에 캄보디아, 라오스, 베트남 출신과 브라질에서 이주한 화교들도 상당수 포함되어 있다. 이들은 포르투갈어 외에도 중국어 표준어와 광동어를 동시에 구사하며, 그들 중 일부는 Macanese(또는 Patuá)라고 부르는 광동어와 포르투갈어가 혼합된 언어를 구사하기도 한다. 한편 포르투갈 북부 도시 포르토(Porto)의 Vila do Conde라는 공업지역에도 빠르게 성장하고 있는 신흥 차이나타운이 있다.

(4) 이탈리아

이탈리아에는 제2차 세계대전 이후 소수의 화교들이 있었지만, 1980년대 이후부터 점차 증가하여 21만여 명의 화교들이 거주하고 있다.

이탈리아에서 가장 오래된 최대 규모의 차이나타운은 밀라노(Milan)의 역사적 중심지인 셈피오네(Sempione) 공원 주변의 Via Paolo Sarpi에 있다. 초기 이주민은 1920년대 초 비단 가공업에 동원된 노동자들이었는데, 이들 대부분은 원래 상해(上海) 남부의 절강(浙江) 출신이다. 이탈리아에서 두 번째로 큰 차이나타운은 프라토(Prato) 시에 있다.

---

23 "Nouvel an chinois dans le 7e arrondissement de Lyon". Blog de Lyon 7 Rive Gauche (in French). Lyon 7 Rive Gauche / ADC7. February 16, 2010. Retrieved September 3, 2013.

(5) 벨기에

벨기에의 공식 차이나타운은 플랑드르(Flanders)의 앤트워프에 있는 Van Wesenbekestraat로 이곳에는 중국 본토와 유사한 모습의 다양한 상점, 식당, 베이커리 등이 있다.[24] 또한 도심부에는 브뤼셀, 생트 거리(Sint-Katelijnestraat)에 또 다른 비공식 차이나타운이 존재하는데, 주로 앤트워프에서와 같이 상가, 슈퍼마켓, 레스토랑으로 구성되어 있지만 앤트워프에 비해 작은 규모이다.

(6) 네덜란드

네덜란드에서 가장 큰 차이나타운은 암스테르담의 아주 유명한 홍등가인 De Wallen 근처에 위치해 있었다. Zeedijk와 Geldersekade에 위치해 있는 이 차이나타운은 20세기 초에 형성되기 시작하여 1980년대에 활성화되었다. 이 지역에 있는 도로변 게시판은 네덜란드어와 중국어로 되어 있다. 암스테르담의 차이나타운에는 '불광산하화사(佛光山荷華寺)'라는 네덜란드에서 가장 큰 중국식 불교사원이 있다.

24 『China Town Antwerpen』, China Town Antwerpen. Retrieved September 3, 2013.

제3장
싱가포르 화교의 집단적 기억과 재영토화

1. 싱가포르 화교 디아스포라 개관

싱가포르 화교 디아스포라(이하 '싱가포르 화교')는 싱가포르 국적 또는 영주권을 가지고 있는 중국인을 가리키며 싱가포르 화예(華裔)라고도 부른다. 2011년 현재, 싱가포르 화교는 싱가포르 인구의 74.1%를 차지하며, 이는 전체 싱가포르인 4명 중 3명에 해당하는 비율로 싱가포르에서 가장 큰 종족 집단이다. 싱가포르는 중화인민공화국과 중화민국(臺灣)을 포함한 이른바 중화지구 이외의 지역에서 한족 인구가 절대다수를 점하는 유일한 국가로 화교가 정치, 경제, 사회, 문화 등 거의 전 분야를 주도하고 있다. 또한 싱가포르는 태국, 인도네시아, 말레이시아, 미국에 이어 다섯 번째로 큰 화교 공동체의 본거지이기도 하다. 중국인의 싱가포르 이주 역사는 크게 1819년 이전, 1819년부터 1937년까지, 1937년부터 1945년까지, 1945년 이후의 4단계 과정으로 나눌 수 있다. 싱가포르 화교의 개략적인 이주 역사를 요약하면 다음과 같다.

1) 싱가포르 화교의 이주 역사

(1) 1819년 이전

중국 문헌에 보이는 싱가포르에 대한 최초의 기록에는 싱가포르를 龍牙門(Long Ya Men), 淩衙門(Ling Ya Men), 單馬錫(Dan Ma Xi), 淡馬錫(Dan Ma Xi), 息辣(Xi La), 息力(Xi Li), 石叻(Shi le) 등으로 적고 있다.

싱가포르에서 발굴된 북송(北宋) 진종(眞宗, 998~1022)에서 인종(仁宗, 1023~1063) 기간 동안의 중국 화폐나 자편(瓷片) 등을 통해 북송 시기부터 이미 중국 상인들이 싱가포르를 왕래한 흔적을 찾아볼 수 있다. 남송(南宋)의 조여적(趙汝適)이 1225년 저술한 『제번지(諸蕃志)』에는 천주(泉州)에서 출발하여 싱가포르에 이르기까지의 항해 과정과 무역 활동이 상세히 묘사되어 있는

데, 이 중「三佛齊門」편에는 중국 상선이 三佛齊로 가기 위해서는 도중에 필히 凌牙門을 거쳐야 했다는 기록이 있다. 또 청대(清代) 안사종(顏斯綜)의 『남양여측(南洋蠡測)』에는 "(싱가포르에) 당인(唐人)들의 묘지가 있고, 묘비에는 양조(梁朝)와 송대(宋代) 함순(鹹淳)이라는 연호(年號)가 적혀 있다.(有唐人墳墓, 碑記梁朝年號及宋代鹹淳)"는 내용이 보인다. 여기에서 양조는 중국 五代의 후량(後粱)을 가리키며 함순(鹹淳)은 남송(南宋) 도종(度宗)의 연호(1265~1274)이다. 이는 907년에서 1274년 사이에 싱가포르에 이미 중국인이 거주하고 있었음을 증명한다.

대략 16세기 중엽에서 17세기 초 사이에 편찬된 것으로 전해지는 고대 말레이시아 문헌『馬來紀年』(Sejarah Melayu)에는 원대(元代)인 1320년에 코끼리를 찾아 싱가포르까지 간 사람이 있었으며, 1325년 싱가포르에서 사자(使者)를 파견하여 조공을 바쳤다는 등의 기록이 보인다. 한편 원대 왕대연(汪大淵)[1]은 그의 저서『島夷志略』에서 싱가포르에 거주하고 있는 화교를 직접 만난 적이 있다고 기술하고 있다. 이에 따르면 당시 중국 천주(泉州)와 싱가포르 간 통상이 이루어지고 있었고, 현지인과 통혼하여 현지에 동화되어 살고 있는 중국인, 즉 페라나칸(Peranakan)이 있었으며 15세기에 이르러서는 말라카(Malacca)의 무사들이나 외국인들의 집거지가 형성되어 있었다.

(2) 1819~1937

1819년 스탬포드 레플즈(Stamford Raffles)[2]에 의해 개항된 이후 제2차 세

1 元代의 민간상인이자 항해사로 일찍이 원(元) 명종(明宗) 지순(至順) 원년(1330)과 원통(元統) 5년(1337), 두 차례에 걸쳐 천주(泉州)에서 출발하여 멀리 이집트의 다미에타(Damietta), 모로코의 탕헤르(Tangier) 등에 이르기까지 서양 각국을 원정하였다. 元 혜종(惠宗) 지정(至正) 9년(1349), 천주에서 직접 방문하였던 200여 개 지방을 방문하면서 겪었던 일을 바탕으로 고대 중국의 중요한 외교 통사(通史) 문헌 중 하나인『島夷志略』을 저술하였다.

2 Thomas Stamford Bingley Raffles(1781-1826). 대영제국의 유명한 정치가로 오늘날의 싱가포르를 창건(1819)하였으며 영국의 극동 식민지 개척에 앞장섰다. 그는 싱가포르를 유럽과 아시아를

그림 3.1 스탬포드 레이플즈(Stamford Raffles) 동상

계대전 시기인 1942년 일본에 의해 점령되기까지 싱가포르는 영국의 식민지였다. 영국인들이 처음으로 싱가포르에 도달했을 때, 싱가포르의 주민들 대부분은 어부, 선원, 또는 해적이었다. 인구는 약 150여 명이었는데 그중 약 30명이 중국인이었고 나머지는 말레이인이었다.[3]

연결하는 국제적인 항구도시로 발전시켰다.

3 Newbold, Thomas John, *Political and statistical account of the British settlements in the Straits of Malacca, viz, Pinang, Malacca and Singapore: with a state with a history of the Malayan states on the Peninsula of Malacca*, v.1, London: J Murray, 1839, p. 279.

싱가포르가 무역 거점이 된 후 최초의 화교들은 말라카, 페낭(Penang) 등 말레이 반도에서 이주한 페라나칸이었다. 페라나칸은 정화(鄭和)의 남양(南洋; 동남아시아) 원정에 참여했다가 잔류한 수행원들이었거나 원(元), 명(明) 시기 무역을 위해 방문했다가 정착한 상인들의 후예로 추정된다. 이들은 대부분이 상업에 종사했으며 중국 방언과 말레이어를 모두 사용했다. 또한 상당수가 영어로 교육받아 영국인과의 의사소통이 가능했다. 당시 식민지 정부 관료였던 존 다니엘 보건(Jones Daniel Vaughan)은 이들이 스스로를 중국인이 아닌 영국인으로 여기며 일상생활에서 볼링, 브랜디를 즐기는 등 상당히 서구화되어 있었다고 기록하였다.[4]

1832년 싱가포르가 영국의 동남아 식민지 무역의 거점이 된 이후, 자유무역정책에 의해 다수의 페라나칸 상인들과 유럽 무역상들이 싱가포르에 정착하면서 많은 노동력을 필요로 하게 되었고, 이로 인해 쿨리(coolie)라고 불리는 계약 노동자(또는 豬仔, 즉 돼지새끼라고도 불림)의 매매가 출현하게 되었다. 아편전쟁 이전 일반인의 자유로운 출국을 금하던 중국의 해금(海禁) 정책으로 인해 이른바 쿨리무역이 포르투갈령 마카오를 통해 이루어졌던 까닭에 19세기 초까지는 화공(華工)의 출국이 소수에 그칠 수밖에 없었다. 그러나 1842년 8월 『남경조약(南京條約)』의 체결로 인해 중국인의 자유로운 출국이 허용되면서 대규모의 쿨리무역이 가능해졌으며 1860년 제2차 아편전쟁 이후 『북경조약(北京條約)』이 체결되어 인신매매가 합법화되면서 쿨리무역이 절정에 달했다. 이 같은 중국인에 대한 인신매매는 1914년 윌리엄 피커링(William Pickering)에 의해 금지되기 이전까지 계속되었다. 이 같은 과정을 통해 19세기에서 20세기 전반까지 싱가포르로 팔려간 화교들을 '신객(新客)'이라고 불렀다. 이들 신객들은 대부분 복건, 광동, 해남 등 중국 남부 연해 출신들로 스스로 중국인이라는 강한 자의식을 가진 사람

4 Vaughan, Jonas Daniel, *The manners and customs of the Chinese of the Straits Settlements*, Singapore: Mission Press, 1879, pp. 4-5.

들이었다. 그러나 페라나칸과 싱가포르에서 여러 세대에 걸쳐 거주하고 있던 중국인들은 신객과 구분하여 '노객(老客)' 또는 '해협화인(海峽華人)'이라고 불렀다. 이들은 신객과는 달리 중국인이 아닌 영국인으로서의 정체성을 가지고 있었다.

(3) 1937~1945(제2차 세계대전)

1937년 시작된 제2차 청일전쟁은 싱가포르 화교의 애국심을 자극하였고 이는 곧 일본상품에 대한 불매운동으로 이어졌다. 싱가포르 화교들은 각종 단체를 조직하여 중국으로 돌아가 전쟁에 직접 가담하거나 무기 및 군수물자를 조달하기 위한 경제적 지원 활동을 전개하였다. 1942년 싱가포르를 점령한 일본군은 이를 빌미로 싱가포르 화교에 대한 대대적인 숙청과 학살을 자행하였다. 이로 인해 이 시기 싱가포르 화교 인구가 상당수 감소하였다.

(4) 1945년 이후

전후 싱가포르는 여전히 혼란기였고, 1950년대와 1960년대에 걸쳐 화교와 말레이인들 간 충돌이 빈번하게 일어났다. 이 같은 폭동은 전후 일정 기간 동안 일반적인 것이었는데 1964년 7월 당시 총리였던 리콴유(Lee Kuan Yew)를 몰아내기 위한 정치적인 원인으로 인해 발생한 폭동으로 인해 23명이 사망하고 454명이 부상을 당했다.

1965년 독립 이후, 싱가포르 정국이 안정되면서 점차 종족 간의 화해 무드가 조성되었고 싱가포르 화교들은 중국으로 귀환하려는 생각을 접고 스스로를 싱가포르 국적의 싱가포르인으로 규정하게 되면서 싱가포르에 뿌리를 내리기 시작하였다.

1945년 이전 싱가포르에 정착한 화교들과 그 후예들은 싱가포르 국민이 되었으며 중국인으로서의 귀속감이 점차 약해지면서 스스로를 화교가 아닌 '화인(華人)'으로 칭하게 되었다. 1978년 등소평(鄧小平)이 싱가포르를 방문했을 때 리콴유가 "우리의 귀빈에게 알립니다. 싱가포르에는 화교가 없습니다."라고 했던 발언은 이를 상징적으로 보여주는 표현이었다.

한편 20세기 후반에서 21세기 초반까지 중국에서 이주한 싱가포르 화교들은 신이민(新移民)이라고 부르는데, 20세기 후반의 신이민은 주로 홍콩과 북경, 상해 등 중국 대도시 출신이었으나 21세기 들어 중국의 거의 전 지역에서 이른바 신이민들의 이주가 계속되고 있다.

2) 주요 방언집단

싱가포르의 중국인들은 스스로의 정체성을 1차적으로는 싱가포르인(新加坡人), 그 다음으로 중국인으로 규정한다. 그러나 그들이 사용하는 언어 즉 방언과 본적은 그들의 정체성을 규정하는 가장 기본적인 요소 중 하나라고 할 수 있다.

싱가포르의 중국인은 크게 민남(閩南; Hoklo), 조주(潮州; Teochew), 광부(廣府; Cantonese), 객가(客家; Hakka), 복건(福建; Hokkien), 해남(海南; Hainanese), 복주(福州; Hockchia, Foochow), 홍화(興化 莆仙, 莆田; Henghua), 상해(Shanghainese) 등의 집단으로 구분된다. 이들 각 집단별 본적과 인구 추이는 〈표 3.1〉과 같다.[5]

싱가포르 화교들은 대개 각각의 출신 지역 언어, 문화, 혹은 조상에 따라 다양한 방언집단으로 나뉘는데 복건, 광동, 해남(海南) 등 중국 동남해안 출신들이 주류를 이룬다. 이 중 민남, 조주, 광동 출신이 전체 화교 인구의 약 4분의 3 이상을 차지하며 객가, 해남 등 기타 집단이 나머지를 차지한다. 이들은 대개 19세기에서 20세기 전반까지 중국 남부 출신 이

5 Edmund Lee Eu Fah, *Profile of the Singapore Chinese Dialect Groups* (新加坡華人方言群的結構), Singapore Department of Statistics(新加坡統計局, 社會統計部), 2000. 검색일: 2013-08-15.

표 3.1 싱가포르 화교 조직 및 인구 구성

종족 및 방언집단	원적지	1990년	2000년
福建(閩南) 화교	廈門, 漳州, 泉州, 同安, 南安, 安溪, 惠安, 晉江, 龍海, 漳浦, 詔安	860,080	1,028,490
潮州 화교	潮州, 汕頭, 潮安, 潮陽, 揭陽, 饒平, 澄海, 普寧, 惠來	466,020	526,200
廣府 화교	廣州, 南海, 番禺, 新會, 恩平, 開平, 中山, 東莞, 肇慶, 順德, 台山, 鶴山	327,870	385,630
客家 화교	梅縣, 大埔, 惠州	155,890	198,440
海南 화교	文昌, 海口	148,740	167,590
福州 화교	福州	36,490	46,890
興化 화교(莆仙/莆田)	莆田, 仙遊	19,990	23,540
上海 화교	上海	17,310	21,550
福清 화교	福清	13,230	15,470
기타		50,150	91,590

주민들의 자손으로 통상 싱가포르 본지 화교로 불린다. 이후 1990년대에서 21세기 초까지 중국의 다른 지방으로부터의 이주가 이루어졌다. 각기 다른 집단 사이의 통혼은 싱가포르에서는 일반적인 현상이며 이들의 출신은 아버지 쪽 출신을 따른다.

(1) 복건(福建, 또는 閩南) 화교

이들은 하문(廈門), 천주(泉州), 장주(漳州)를 비롯한 안계(安溪), 진강(晉江), 동안(同安), 남안(南安), 혜안(惠安), 영춘(永春), 용해(龍海), 장포(漳浦), 조안(詔安) 등 복건 남부 민남방언 지역의 각 지방 출신으로 싱가포르 전체 화교 인구의 5분의 2에 해당하는 약 41%를 차지하는 싱가포르에서 가장 큰 화교 집단이다. 이들이 사용하는 복건방언(福建話)은 과거 중국 남부 해안 지방에서 통용됐던 방언으로 하문민남어(廈門閩南語)를 기초 방언으로 한다. 이 방언

그림 3.2 싱가포르에서 가장 오래된 민남 화교 사원, 天福宮

은 1979년 싱가포르 표준 중국어인 화어(華語) 운동이 전개되기 이전 싱가포르 화교의 공통어였으며 말레이시아인, 또는 인도인들과의 의사소통에 주로 사용되었다.

민남을 가리키는 용어인 Hoklo(福佬), Hokkien(福建)은 복주(福州), 보전(莆田) 및 복건 북부 출신들을 제외한 남부 해안 출신들만을 지칭한다. 초기 이주민들은 천복궁(天福宮; Thian Hock Kheng) 주변에 집거지를 형성하면서 Amoy St.(廈門街)와 Telok Ayer St.(直落亞逸街) 주변에 정착했다. 이후 이들은 복건회관(福建會館; Hokkien Huey Kuan)을 설립하고 Hokkien St.(福建街)와 China St.(中國街) 인근으로 그 거주 지역이 확대되었다. 민남인은 과거 싱가포르강 연안에서 가장 활발한 무역활동을 전개하는 상업 집단이었다.

이들은 중국 민남 연해 출신으로 주로 해상무역에 종사했던 사회, 지리적 조건으로 인해 대부분 해신(海神)인 마조(媽祖)를 신봉하였으며 이밖에 옥황대제(玉皇大帝), 구황대제(九皇大帝), 복덕정신(福德正神) 등 도교 신앙과 청수조사(清水祖師), 법주진군(法主眞君), 개장성왕(開漳聖王), 영안존왕(靈安尊王), 광택존왕(廣澤尊王), 보생대제(保生大帝), 보의대부(保儀大夫) 등 향토 민간신앙을 가지고 있었다.

(2) 潮州 화교

조주 화교는 대부분 조주(潮州), 산두(汕頭), 게양(揭陽), 풍순(豐順) 등 광동 조산지구(潮汕地區)에서 이주한 사람들로 싱가포르 전체 화교 인구의 대략 5분의 1인 약 21%를 차지하는 싱가포르에서 두 번째로 큰 종족 및 방언 집단이다. 이들이 사용하는 조주방언은 민남방언과 약 50%의 유사성을 보이는데 이는 그 선조들이 원래 복건 남방(閩南) 지역에 거주하다가 인구 팽창과 기황(饑荒) 등으로 인해 조산지구(潮汕地區)로 이동하게 된 역사적 사실에서 기인한다. 초기 조주 화교들은 싱가포르의 최대 집단이었으나 19세기 이후 민남 출신 화교들이 대량으로 싱가포르 남부 지역으로 이주하면서 조주 출신 인구를 추월하게 되었다. 이로 인해 조주인과 민남인 사이에 모종의 경쟁심리가 조성됨으로써 이 두 집단은 그 언어적, 문화적 유사성에도 불구하고 서로를 엄격히 구분했으며 서로 조화를 이루지 못했다.

조주 화교들은 원래 조호르 해협(Straits of Johor)에 주로 거주하였으나 1980년대 싱가포르 건옥발전국(建屋發展局; HDB)의 이주 계획에 의해 대부분 싱가포르 강(Singapore River) 주변의 차이나타운(Chinatown; 牛車水)으로 이동했다.

19세기에서 20세기 초에 이르기까지 대다수의 潮州 화교들은 싱가포르 강(Singapore River) 부근에서 상공업 또는 어업에 종사하였다. 전통 차이나타운인 牛車水의 서큘러로드(Circular Road; 沙球勞路)와 사우스브리지로드

그림 3.3 의안공사(義安公司) 전경

(South Bridge Road; 橋南路) 일대의 상점들은 대부분 이들 조주(潮州) 화교들이 경영하였다.

일부 조주 화교 사업가들은 싱가포르 북부와 조호르바루(Johor Bahru)의 삼림지대에서 후추재배를 시작하였다. 19세기 즈음 조호르 술탄의 승인을 얻어 후추농장을 설립한 이후 점차 많은 조주 화교들이 이 업종에 참여하게 되면서 이른바 '강조(江厝)'제도가 생겨났다. 여기서 '조(厝)'는 '집'의 의미로 이 제도에서는 앞에 농장 책임자의 성씨를 붙여 채조항(蔡厝港; Choa Chu Kang), 임조항(林厝港; Lim Chu Kang), 양조항(楊厝港; Yeo Chu Kang) 등의 농장 이름으로 사용하였는데, 이는 오늘날 싱가포르의 여러 지명의 기원이 되었다.

초기 화교들은 대부분 씨족연합인 '종향회관(宗鄕會館)' 또는 '방언회사(方言會社)'를 설립하였는데 이 같은 단체들은 대다수가 문맹이었던 화공(華工)들을 대신하여 식민정부나 고용주들과의 교섭을 담당하였다. 이 중 가장 유명한 조주 화교 단체는 1845년에 설립되어 오늘날까지도 그 활동을 지속하고 있는 의안공사(義安公司)이다.

조주 화교들이 사용하는 언어는 '싱가포르 조주 방언'으로 통상 '조주화(潮州話)'로 약칭한다. 조주화는 오랜 시간에 걸쳐 민남방언의 영향을 받아 조산지구(潮汕地區)에서 사용하는 조산화(潮汕話)와는 일정정도 차이가 있으며 역으로 민남어 또한 조주화의 영향을 받아 조주화 발음의 요소가 섞인 독특한 방언이 형성되었다.

싱가포르해협시보(The Straits Times)의 보도에 의하면 현재 조주 화교들은 주로 후항(後港; Hougang)이라는 곳에 집거하고 있다.

(3) 광부(廣府) 화교

광동 남부의 광주(廣州), 조경(肇慶), 순덕(順德), 태산(台山), 학산(鶴山) 등 지방 출신인 광부(廣府) 화교는 전체 싱가포르 화교의 약 15%를 차지하고 있다.

이들 광부 화교들은 월(粵)방언을 사용하며 민남, 조주 출신 화교들과 마찬가지로 도교, 불교, 그리고 다양한 토속 민간신앙을 가지고 있다.

광부 화교들은 20세기 전반까지 의사, 정치인, 교사 등 전문직에 종사했으며 temple streets(登婆街), pagoda streets(寶塔街), mosque street(摩士街) 등지에서 세탁소, 음식점 등을 운영하였다.

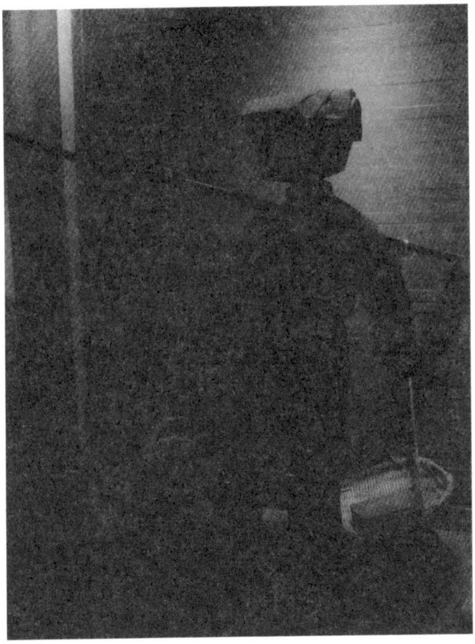

그림 3.4 싱가포르 이미지박물관(IMAGES OF SINGAPORE)의 三水婦女(紅頭巾)상

그림 3.5 牛車水에 세워진 광부(廣府) 출신 여성 노동자 조상(彫像)

한편 광동 삼수현(三水縣) 출신 여성 노동자들은 주로 건설 현장에서 일했는데, 그녀들은 남색 해군복을 입고 머리 보호를 위해 빨간색 두건을 쓰고 있어서 '홍두건(紅頭巾)'이라고 불렀다. 이 두건을 가장 먼저 착용한 여성은 소식(蘇軾)의 첩이었던 왕조운(王朝雲)으로 알려져 있는데, 이 두건은 원래 광동 객가(客家)지구 사람들이 착용하던 전통 모자였다. 이후 광부인들이 객가인들과 오랫동안 섞여 살게 되면서 객가인들의 영향을 받게 된 것이다. 이외에 주로 싱가포르 강, keppel harbour(吉寶港口) 일대에서 부두 노동에 종사하던 廣東 四邑地區(江門區) 출신 여성 노동자들은 검은색 두건을 착용하였다.

(4) 객가(客家) 화교

주로 광동 동북부 객가방언 사용지역인 매현(梅縣), 대포(大埔) 출신 객가

그림 3.6 應和會館(Ying Fo Fui Kun) 전경

화교들은 싱가포르 전체 화교의 약 11.4%를 차지한다. 싱가포르공화국의 최초 국무총리인 李光耀(Lee Kuan Yew)가 바로 대포(大埔) 출신의 객가 화교이다.

객가 화교들이 사용하는 객가방언은 계통상 싱가포르 화어(華語)와 유사하지만 민남(閩南)방언과, 월(粵語)방언의 영향을 받았다.

20세기 초엽 싱가포르 건설 현장에서 일하던 객가 출신 여성 노동자들은 삼수현(三水縣) 출신 여성 노동자들과 달리 검은색 두건을 착용하였다.

도심의 Telok Ayer St.(直落亞逸街)에 위치한 Ying Fo Fui Kun(應和會館)은 객가 출신 화교들의 단체로 싱가포르에서 가장 오래된 화교 단체 중 하나이다.

(5) 민계(閩系) 화교(海南, 閩東, 閩北)

이 집단은 싱가포르 전체 화교의 약 5%를 차지한다. 이들 중 가장 다수는 해남(海南) 동북부 문창(文昌), 해구(海口) 출신으로 해남방언을 사용한다.

해남 화교의 싱가포르 이주는 비교적 늦은 시기인 19세기 말경 시작되었는데 이주 후 이들은 주로 음식점이나 노점에서 요리사 또는 음식 관련 업종에 종사했으며 이들의 치킨라이스는 싱가포르를 대표하는 유명한 음식 중 하나가 되었다. 싱가포르의 해남 화교들은 대부분 서양식 요리로 유명한데 이는 초기 해남 화교들 상당수가 유럽 선박의 주방장이었기 때문이다.

민동(閩東) 화교는 주로 복건 동부 연해의 복주(福州)와 복청(福清) 두 지역 출신으로 민동방언 계통의 복주화(福州話)와 복청화(福清話)를 사용한다.

보선(莆仙, 속칭 '興化') 출신 화교들은 복건 민남과 민동 사이의 보전시(莆田市)와 선유현(仙遊縣) 출신으로 이들이 사용하는 방언은 보선(莆仙) 방언이다. 보선 방언은 언어적 측면에서 볼 때 민남과 민동 간의 중간적 성격의 방언으로 민동에 속하지 않지만 그 인구가 극소수여서 통상 민동 출신으로 분류된다.

민북(閩北) 출신 화교는 주로 복건 북부 남평시(南平市)와 건구시(建甌市) 및 절강(浙江) 남부 지역 출신으로 인구수가 매우 적다. 현재 가족 간에 민북방언과 건구방언을 사용하는 사람들이 극소수 남아 있지만 대부분은 민남어나 싱가포르 화어를 사용한다.

(6) 페라나칸(Peranakan)

싱가포르 현지 화인(華人)인 페라나칸은 말라카와 페낭의 초기 이주민들로 후에 싱가포르로 이주했다. 이들은 중국인과 말레이인의 혼혈로 동남아 토착문화와 중국 문화가 조화를 이룬 특수한 문화적 정체성을 형성하고 있다. 남자는 통상 Baba(峇峇)라고 부르며, 여자들은 Nyonyas(娘惹)나

그림 3.7 싱가포르 '페라나칸(Peranakan; 土生)박물관'에 재현된 페라나칸 가옥 실내. 동남아 토착문화와 중국문화를 조화시킨 페라나칸의 독특한 생활양식을 엿볼 수 있다.

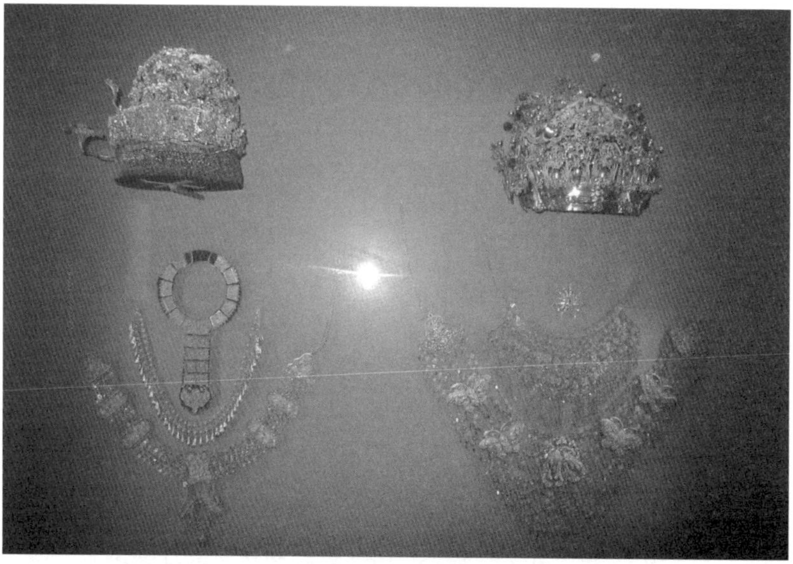

그림 3.8 싱가포르 '페라나칸박물관'에 전시된 페라나칸의 화려한 장식품

그림 3.9 싱가포르 '페라나칸박물관'에 전시된 잡지.
초기 페라나칸의 활동상을 스토리텔링 형식으로
소개하는 내용을 담고 있다.

Bibiks라고 부르는데 이를 합쳐서 중국어로 峇峇娘惹(합합낭야; Ba ba niang re)라고 부르기도 한다.

페라나칸은 일찍이 Geylang(芽籠)과 katong(加東) 일대에 주로 거주하였으며 영어, 말레이어, 그리고 복건 방언을 유창하게 구사할 수 있었기 때문에 식민지 시기 싱가포르의 각 상업 및 사회 조직을 위한 중개자 역할을 수행하였다.

페라나칸과 복건 화교들은 일찍이 싱가포르의 혼잡한 도심(오늘날의 중앙 비지니스 지구)에서 동부 해안 丹戎加東(Tanjong Katong) 일대 해변 저택과 빌라로 이주하였으며 1965년 싱가포르의 독립 이후 섬 전체로 분산되었다.

3) 싱가포르 화교의 교육, 종교 및 문화

(1) 교 육

싱가포르의 화교 교육은 19세기 중국 남방 방언을 이용하여 유가 경전을 교육했던 사숙(私塾)으로부터 시작되었다. 20세기 초 중국 신문화운동의 영향으로 1920년대 들어 중국어가 화교학교들의 공식적인 교육언어가 되었으며 이후 영국 식민정부가 화교 단체들의 자유로운 교육활동을 허용함으로써 1930년대에서 1940년대까지 더욱 많은 화교학교가 설립되었다. 1953년, 싱가포르 복건회관 주석 진육사(陳六使)의 주도 하에 중국어를 공식 교육언어로 하는 유일한 대학인 '남양대학(南洋大學)'이 설립되었고 나아가 체계적인 화교 교육제도가 형성되기 시작하였다. 그러나 1960년대에 들어 냉전의 심화와 싱가포르 정부의 서방 자본 도입의 필요성에 의해 싱가포르 정부가 영어를 실질적인 통용어로 하는 정책을 채택하게 됨에 따라 대부분의 화교 자녀들이 취업 등을 위하여 영어 학교에 진학하게 되면서 화교학교가 점차 사라지게 되었다.

1980년대 초 이후, 싱가포르 정부는 화교학교 제도를 점진적으로 폐지시켰고 중국어와 도덕 과목 외의 모든 교과목을 영어로 교육하도록 규정하였다. 한편 싱가포르 화교들이 모국어 문화를 유지, 보존하도록 하기 위하여 싱가포르 정부에서는 모든 학교에서 '제2외국어' 과목을 두어 중국어 교육을 실시하도록 하였다. 또한 이전의 전통 화교학교와 유사한 이른바 특별 지원학교(Special Assistance Plan Schools)를 설립하여 중국어 및 중국 문화 교육을 전담하도록 하였다. 화교들은 이를 통해 지속적인 중국어 교육을 진행할 수 있었으며 중국 문화와 화교 공동체를 유지할 수 있었다.

(2) 종 교

통계에 따르면(<표 3.2> 참조) 2010년 현재 싱가포르 화교의 주요 종교 분포는 43%가 불교도로 가장 많은 비율을 차지하고, 다음이 기독교로 20.1%, 세 번째는 도교 및 민간신앙으로 14.4%를 차지하였다. 한편 회교와 기타 종교가 각각 0.4%, 0.3%였으며, 이밖에 무교라고 밝힌 사람이 21.8%를 차지하였다.

표 3.2 15세 이상 싱가포르 화교의 종교 분포(2010)

종교	비율
불교	43.0%
기독교	20.1%
도교 및 민간신앙	14.4%
회교	0.4%
기타 종교	0.3%
무종교	21.8%

출처: Key Indicators of the Resident Population, Singapore Department of Statistics, Social Statistics Section[검색일: 2011-01-12]

싱가포르 화교의 절반 가까이가 불교도이지만, 최근 기독교도의 수가 증가하고 있으며, 소수는 여전히 도교를 신앙하고 있다. 도교는 한때 싱가포르 화교들의 주요 종교였으나, 젊은 세대들은 불교로 개종하거나 아니면 종교를 가지지 않게 되었다. 조상신이나 특정 토속신을 모시는 사람들도 있으나 중국의 전통 종교 의식에 의하면 이들은 모두 도교의 영향을 받은 일종의 변형 신앙이거나 도교, 유교와 불교가 혼합된 중국 남방의 전통적인 종교로부터 비롯된 것이라고 할 수 있다.

(3) 문 화

싱가포르는 동서양의 문화가 혼합된 다원문화 국가라는 점에서 중국 대륙, 대만 또는 기타 화교 지역의 문화와는 본질적으로 상이하다고 할 수 있다. 싱가포르 문화의 방언, 풍속, 전통 명절, 종교 등 중국적인 요소는 기본적으로 복건, 광동, 해남 등 3성(省)의 남방 문화를 바탕으로 하고 있다. 한편 싱가포르는 서양문화의 영향과 영어 위주의 언어적 환경, 그리고 말레이 문화, 인도 문화와의 상호 영향으로 인해 통상적인 중화문화(中華文化)를 위주로 하는 기타 중국인 거주 지역 문화와는 다른 특징을 가지고 있다. 반면, 문화대혁명(文化大革命) 시기 이래 그 문화적 전통이 상당 부분 파괴된 대륙과는 달리 남방의 종교의식, 전통 예절과 풍속, 유가사상, 풍수 등 전통적인 요소를 상당 부분 유지하고 있다.

그러나 장기간에 걸친 영어 및 서양 문화 위주 교육의 영향으로 인해 오늘날에는 이른바 중화문화의 전통이 점차 유실되어 가는 추세를 보이고 있다.

결론적으로 싱가포르 화교들은 그 국가 또는 민족 정체성, 향유 문화, 그리고 언어생활에 있어 중국 본토 또는 기타 화교 지역과 일정한 차이점을 보이는데, 중국 본토가 거시적인 현상 측면에서 중국 중심이라면, 싱가포르 화교들의 문화는 중국 남방문화, 말레이 및 인도 문화와의 상호 영향으로 형성된 싱가포르 현지 문화, 그리고 서양 문화가 혼합된 다양성을 특징으로 하고 있다.

이밖에 언어적인 측면에서 싱가포르 화어는 중국 본토의 표준어인 보통화와 그 발음과 어휘에서 서로 다른 요소를 가지고 있어 싱가포르 화교들이 사용하는 중국어를 이른바 '싱다린(Singapore+Mandarin)'이라고 부른다. 또 이들이 사용하는 영어 역시 여러 가지 혼합적인 요소로 인해 싱글리쉬(Singapore+English)라고 부른다. 나아가 싱가포르 화교들은 일상생활에서 이 두 가지 언어를 섞어 사용하는 이중언어(Bilingual)를 구사하는 경우가 많다.

한편 복건 방언, 조주 방언 등 싱가포르 현지의 남방방언 또한 서로 다른 방언 및 문화와의 상호 동화로 인해 중국 본토의 방언과 다른 언어적 특징을 가지게 되었다.

2. 싱가포르 차이나타운의 형성과 특성

Outram의 대규모 행정구역 내에 위치해 있는 싱가포르 차이나타운은 독특한 중국문화와 화교의 역사가 응축된 민족집거지이다.

싱가포르에서 가장 큰 인종 집단이 중국인들이기 때문에 차이나타운은 한때 크게 번창하였으나 현재는 그 규모가 상당히 축소되었다.[6] 하지만 이 지역은 그 역사적 · 문화적 중요성으로 인해 대부분의 영역이 도시재개발 당국(URA)에 의해 공식적으로 국가보존지구로 지정되어 있다.

Chinatown이라는 명칭은 영국에 의해 사용되었던 반면 현지인들은 牛車水(Niu che shui)라는 명칭을 주로 사용한다. 싱가포르의 차이나타운은 그 위치로 인해 19세기 차이나타운의 물 공급이 주로 우마차에 의해 이루어졌다는 사실로 인해 牛車水로 명명되었다고 알려져 있다. 차이나타운의 다른 명칭인 Kreta Ayer는 동일한 의미를 지닌 말레이어 명칭이다.

6 차이나타운이라는 명칭은 영국인에 의해 생겨났으며, 오늘날은 중국계가 아닌 싱가포르인들에 의해 흔히 사용되지만 중국계 싱가포르인들은 차이나타운이라는 용어가 중국인들이 소수 집단인 지역에서 형성된 중국인들의 씨족을 나타낸다는 이유로 Niu Che Shui(牛車水)라는 용어를 흔히 사용한다.

1) 싱가포르 차이나타운의 형성

(1) 싱가포르 차이나타운의 역사

원대(元代) 왕대연(汪大淵)의 『島夷志略』에 따르면, 1330년 그가 처음 싱가포르(당시의 '淡馬錫')를 방문했을 때 이미 그곳에 화교 공동체가 존재하고 있었다. 이를 통해 볼 때 싱가포르의 차이나타운은 가장 오랜 역사를 가진 차이나타운 중 하나라고 할 수 있다.

싱가포르의 래플즈 플랜(Raffles Plan)에 따라 할당된 이 지역은 원래 화교들이 거주하는 식민지 싱가포르의 한 구역이었다. 오늘날 싱가포르가 성장하면서 화교들은 다른 도시 지역들에 정착했지만, 차이나타운은 1819년 싱가포르가 창설된 지 수 십 년 만에 인구과다 상태가 되었으며, 1960년대에 싱가포르 정부의 주택개발위원회가 출범하면서 대다수의 거주민들이 재배치되기 이전까지 많은 거주민들이 예전의 모습을 그대로 유지하고 있었다.

1822년 스탬포드 래플즈(Stamford Raffles)는 민족 단위로 분리된 질서정연한 도시를 구상하였는데, 이러한 구상은 4개의 서로 다른 인종집단을 위해 고안된 1822년의 잭슨 플랜(Jackson Plan)을 통해 구체화되었다. 그는 도시위원회(TC)의 의장인 C.E. Davis, George Bonham을 비롯한 여러 위원들에게 편지를 보내 각기 다른 유형의 주민들의 편리와 보안, 해당 지역의 일반적인 관심 및 복지에 도움이 되는 경우 해당 기관의 장에게 관련 약정을 제안 및 실천하도록 하는 의무를 부여하였다. 또한 싱가포르 도시의 일반적 성격, 정부의 국유지, 유럽풍의 도시와 주요 상업시설들 및 민속촌(kampongs)이 포함되어 있었다. 여기에는 Bugis, Arabs, Marine Yard, Chulias, 말레이 시장과 중국인 촌락, 차이나타운 건립지로 예정된 지역들의 개발계획이 포함되어 있었다. 래플즈가 지시하는 지침들은 모든 후속 개발 도시의 구조를 분명하게 규정하고 있었다. 예를 들어, 거리의 한 쪽에 있는 지붕을 하나로 이어 '5피트 통로(five-foot way)'를 만들도록 하는 매우 세부적인 요구사항들까지 포함하고 있었다.

레플즈는 "중국인들이 반드시 최대의 공동체를 형성할 것"이라는 사실을 예견했다. 이러한 이유로, 그는 싱가포르 강의 남서부 토지 전체를 수용했지만, 동시에 서로 다른 유형과 지역들이 별도의 구역에 집중되어야 하며, 이러한 구역들은 화재가 날 경우에 대비하여 기와지붕을 가진 석조 시공을 해야 한다고 주장했다. 이에 따라 독특한 구조를 가진 차이나타운이 형성되기 시작하였으며 1843년 이후 상가주택을 건립하기 위해 토지의 일부를 일반인들에게 임대하면서 차이나타운의 실질적인 개발이 본격화되었다.

차이나타운은 그 내부 곳곳에 다양한 문화적 특징을 갖는 각 방언집단들이 거주하고 있다. 복건 화교들은 주로 Havelock Road, Telok Ayer Street, China Street 및 Chulia Street와 연관되어 있으며, 조주 상인들 대부분은 Circular Road, River Valley Road, Boat Quay과 South Bridge Road에 주로 생활하고 있다. 또 어디서나 쉽게 만날 수 있는 광동 화교들은 South Bridge Road, Upper Cross Street, New Bridge Road와 Bukit Pasoh Road 인근에 산재해 있다. 이후 복건, 조주 화교들은 싱가포르 각지로 널리 퍼져나갔으며 광동 화교들은 여전히 차이나타운의 지배적인 방언 집단으로 남아 있다. 차이나타운에는 이러한 각 방언집단의 대변자이자 보호자로 기능하는 다양한 동향(同鄕) 조직들이 설립되었다.

초기 차이나타운이 Telok Ayer 지역으로 확장되면서 복건 화교 인구가 증가하였고 복건 화교공동체는 1840년 바다와 가까운 이곳에 바다의 여신인 마조(媽祖)를 모시는 천복궁(天福宮)과 동향 단체인 福建會館(Hokkien Huay Kuan)을 설립하였다. 또한 그 아래로 객가 화교의 應和會館(Ying Fo Fui Kun)이 건립되었고, 조주 화교들은 Philip Street에 粵海淸廟(Wak Hai Cheng Bio)를 세웠다.

한편 이처럼 다양한 화교 공동체의 심장부에는 1830년에서 1842년까지 복건 출신 화교들의 천복궁과 같은 사원뿐만 아니라 인도인들의 스리 마리암만 힌두 타밀(Sri Mariamman Hindu Tamil) 사원과 이슬람 사원, Telok Ayer Street의 알-아브랄 모스크(Al-Abrar Mosque)와 Mosquet Street의 자마에 모스크(Jamae Mosque) 등 중요한 사원들이 자리 잡고 있다. 이 사원들은 차이나타운 내의 화교들이 비중국인 거주민 집단과의 조화로운 공존을 유지하고 있음을 보여주는 상징적인 요소들이라고 할 수 있다. 이후 차이나타운은 Kreta Ayer, Telok Ayer, Tanjong Pagar과 Bukit Pasoh 등에 걸쳐 형성되었으나 오늘날에는 본래 구조의 대부분이 사라지고 그 자리에 고층 건물들이 들어서고 있다. 현재 싱가포르에는 2개의 차이나타운이 있는데, 하나는 牛車水 즉 '공식적인 차이나타운'이고, 다른 하나는 Geylang에 있는 '대중적인 차이나타운'이다.

(2) 두 가지 차이나타운: 공식적 차이나타운과 대중적 차이나타운

① 공식적 차이나타운: 牛車水(Niu Che Shui)

싱가포르의 공식적인 차이나타운인 牛車水는 싱가포르가 번영하면서 개발을 지속해 왔다. 1950년대 초부터, 사람들은 다양한 상품들을 취급하는 상점을 열기 시작했으며 이는 이후 점차 야시장으로 발전되었다. 소음, 군중, 다양한 상품들과 포장마차 등이 있는 야시장이 많은 관광객들을 끌어 모으기 시작하면서 1960년대에서 1980년대까지에 걸쳐 널리 알려지게 되었다. 그러나 이러한 야시장은 전통 상점들이 고층 복합단지로 대체되던 1983년 이후 모습을 감추었다. 이러한 변화는 많은 싱가포르인들과 관광객들이 느끼기에 차이나타운의 영혼이 사라진 것과 같은 변화라고 할 수 있었다. 아이러니하게도, 2001년 스미스 거리가 먹자 거리로 변화되었으며, 2003년에는 기념품을 판매하는 상점이 재도입되었다. 당

그림 3.10 싱가포르 차이나타운(牛車水)

그림 3.11 차이나타운 내 음식점

국에서는 기존의 건물을 모두 철거하고 그 위에 새롭게 건설하는 'slash and burn(火田)' 식 개발방법을 도입하기보다는 기존 시설들을 개선하는 방식으로 약 20년에 걸쳐 다양한 기념품 상점과 야시장들을 재현하였다. 한편 다른 대부분의 차이나타운과 달리 싱가포르 차이나타운에 없었던 패루(牌樓)도 이 같은 '차이나타운'을 이용한 관광산업을 활성화의 일환으로 새롭게 건립되기도 하였다. 하지만 이러한 노력들에도 불구하고 현지인들은 차이나타운의 개발계획이 현지인이 아닌 관광객들의 입맛에만 맞춘다고 느끼는 반면, 일부 관광객들은 싱가포르 차이나타운이 너무나 깔끔하고, 너무 정형적인 관광지로 바뀌어 오히려 저질적이며 '본래의 색깔'을 잃어가고 있다고 느낀다.

그림 3.12 전형적인 차이나타운 주상복합건물 상점 외부

싱가포르 차이나타운은 고유한 특성들을 가지고 있다. 다인종이며, 다문화 사회였던 싱가포르 차이나타운은 중국 민족만의 배타적인 영역이 아니고 초창기부터 인도인들과 회교도들이 중국인들과 함께 거주했다. 따라서 차이나타운 내에서 인도 사원, 회교 사원들과 교회들은 중국 사원과 수도원들과 더불어 쉽게 찾아볼 수 있는 정경들이다.

그림 3.13 차이나타운의 기념품 상점 내부

중국의 주요 축제기간 동안, 회교 사원과 인도 사원들도 그해 최고의 소망을 기원하는 대형 현수막을 내건다. 더불어 화교들 또한 회교 사원과 인도 사원에서 개최하는 각종 축제에 적극적으로 참여한다. 이러한 개별적 문화의 조화와 융합이 보여주는 창의적인 풍경과 문화들은 다인종, 다문화 사회의 정신을 잘 반영하고 있다. 한편, 싱가포르의 Geylang에는 기존의 차이나타운과 완전히 다른 모습의 새로운 차이나타

운이 형성되었다.

② 대중적 차이나타운: 芽籠(Geylang)

음식점과 홍등가로 유명한 Geylang 역시 싱가포르 차이나타운 중 하나가 되었다. 이와 같은 새로운 차이나타운은 Geylang 도로 뒤편의 후미진 골목길과 모서리 측면의 거리들을 따라 형성되어 있다. 각각의 골목길에는 번호(골목길 9, 골목길 20 등)가 부여되어 매우 전문화되어 있으며, 일견 모순되어 보이기도 하는 다양한 활동들의 본거지이다. 이러한 새로운 차이나타운은 그 지역에서 거주하며 일하고 있는 새로운 화교 이주민들의 증가로 인해 눈에 띄게 되었다. 싱가포르의 공식적인 차이나타운이 관광지로 바뀌는 것에 반감을 가지고 있던 사람들은 Geylang이 唐人街(차이나타운) 본연의 개념에 더 가까우며 훨씬 저렴하기도 하다는 것을 알게 되면서 이곳을 더 많이 찾게 되었다. 이에 따라 Geylang의 화교들은 고향의 맛에 맞춰진 식품 매장으로부터 식품 관련 사업 기회를 만들어내어 새로운 이주민들의 발길을 잡아끌었다.

한편, 수많은 중국 사원들, 씨족협회 및 수도원들이 Geylang에 그들의 새 보금자리를 마련했다. 그 한 예가 1819년 영국이 싱가포르를 개항하기 전부터 이미 존재했었다고 전해지는 순천궁(Soon Thian Keing; 順天宮)이다. 비록 신 화교들의 이주보다 훨씬 앞서 설립되었지만, 이러한 기관들은 관련 활동들이 대개 실내에서 이루어지는 회원으로 국한된 것들이기 때문에 잘 눈에 띄지 않는다.

게일랑 차이나타운은 혼란스럽고, 어지러우며, 무계획적이라는 인상을 줄 수 있다. 그러나 어쩌면 이로 인해서 더욱 자발적이고, 활기차며 오히려 차이나타운 본연의 모습에 더 가깝다는 느낌을 받는다. 게일랑 차이나타운은 사람들을 위해, 사람들에 의해 만들어진 사회적 교점(node)의 에너지를 발산함으로써, 관리되는 테마파크나 관광 명소가 아님에도 불구하고 실제로 많은 관광객들을 끌어모으고 있다. 이것이 바로 게일랑 차이나타운을 대중적인 차이나타운이라고 부르는 이유이다.

공식적인 차이나타운인 牛車水와 같이 게일랑 차이나타운 또한 다인종, 다종교적인 특성을 가지고 있는데, 차이나타운 내 매우 가까운 곳에 회교사원, 인도사원, 교회 등이 위치하고 있어 싱가포르 사회의 다인종, 다종교적 구조의 면모를 발견할 수 있다.

일부 화교들은 혼란스럽고 지저분한 이미지의 Geylang을 차이나타운으로 인정하지 않는다. 그들은 싱가포르의 공식 차이나타운인 牛車水는 조상들의 역사와 흔적이 남아 있는 곳이므로 이곳만을 차이나타운으로 인정해야 한다고 주장한다. 하지만 상당수 사람들은 싱가포르에 두 개의 차이나타운이 있으면 안 된다는 논리에 문제를 제기하고 있으며 사람들의 자유로운 판단과 결정에 맡겨야 한다고 본다.

그림 3.14 Geylang 이정표

그림 3.15 Geylang 차이나타운 거리

2) 싱가포르 차이나타운의 특성

(1) 차이나타운의 구성 및 지리적 특성

싱가포르 차이나타운은 Kreta Ayer, Telok Ayer, Tanjong Pagar, Bukit Pasoh와 Ann Siang Hill 등의 여러 구역들로 이루어져 있다.

- Kreta Ayer: Kreta Ayer(중국어 명칭 '牛車水'와 유사한 '물수레'를 의미함. 현대 말레이어로 'kereta air'로 표기)는 싱가포르 차이나타운의 심장부로 문화유산센터, 먹자 거리, 야시장, Kreta Ayer 수산물 시장과 같은 명소들이 집중되어 있다. Kreta Ayer는 토속 음식을 맛볼 수 있는 장소일 뿐만 아니라 매우 인기 있는 관광명소이기도 하다.
- Telok Ayer: 차이나타운 내에 있는 초기 정착의 거점이 된 Telok Ayer는 차이나타운의 초창기에 세워진 이슬람 사원들뿐만 아니라 수많은 중국 사원들의 본거지이다. 최근 들어서는 이 지역에 레스토랑과 술집들이 우후죽순처럼 생겨나기 시작했다.
- Tanjong Pagar: 한때 인력거 상인 운영센터였던 Tanjong Pagar은 2차 세계대전 이전에 줄지어 생겨난 상점들을 따라 형성된 사창가로 명성을 떨쳤다. 싱가포르 최대의 주택 및 개발 위원회(HDB) 건물인 'Pinnacle@Duxton' 역시 이곳에 자리 잡고 있다.
- Bukit Pasoh: '씨족의 거리'로도 알려져 있는 Bukit Pasoh는 유서 깊은 명소이고, 다수의 부티크 호텔과 국제 레스토랑들이 묘한 조화를 이루고 있는 다양한 중국 문화 및 종족협회의 본산이다.
- Ann Siang Hill: 이곳의 지명은 1800년대 토지 가옥을 짓기 위하여 이곳을 사들인 부유한 복건 화교 상인의 이름에서 유래했으며, Ann Siang 언덕의 비탈길에는 각종 상점, 카페, 술집들이 모여 있어 젊은 세대들의 인기를 독차지하고 있다.

(2) 건축물의 특성

차이나타운의 거리 구조물, 특히 초기 상가주택들은 어느 특정 건축 유형에 속하지 않고 바로크 건축과 빅토리아 건축의 다양한 요소들을 혼합한 세련된 형식으로 제작되었으며, 오늘날의 재건과 복구도 같은 형식으로 이루어지고 있다. 이러한 스타일로 인해 차이나타운의 건축물에는 파스텔 톤의 다양한 색상들이 사용되었다.

Trengganu 거리, Pagoda 거리, Temple 거리는 물론 새로 개발된 상부 교차 거리(Upper Cross Street)와 클럽 거리에 있는 가옥들은 이러한 건축구조물의 사례들이다. Boat Quay는 한때 싱가포르 강을 따라 형성된 노예시장이었으며, 싱가포르에서 가장 혼합된 스타일의 상가주택들이 있는 곳이다.

1843년 토지 소유권 법령이 시행되었을 때, 파고다 거리(현재 증축으로 인해, 대부분 3층)의 테라스가 탄생하였다. 이러한 구조는 오물 수거를 어렵게 하는 원인이 되었지만, 1935년 '싱가포르개발신탁(Singapore Improvement Trust, SIT)'의 후방 차선 건설 명령에 따라 차선들이 만들어졌다. 차이나타운에 있는 대부분의 테라스들의 건축 특성은 Emerald Hill이나 Petain Road의 테라스들에 비해서 훨씬 더 이탈리아 스타일에 가깝다는 것이다. 이 테라스에는 주로 가는 목재 발(jalousie)들이 달린 가느다랗고 단순한 창문이 나 있다. 이처럼 발이 달려 있는 채광창은 매우 장식적이며 벽기둥과 발코니, 미장, 색상 등이 함께 어울려 지중해 풍의 분위기를 만들어낸다. 이러한 건축 스타일은 마카오, 말라카, 그리고 Goa의 포르투갈 건축에 대한 지식을 가진 초기 중국계 이주민(중국 출생 및 해협 출생)들에 의해 도입된 것으로 추정된다. 한편 인도 남부의 채티아(Chettiar)[7]들과 타밀(Tamil)[8] 사람들은

7 남인도의 다양한 카스트들을 가리키는 단어로, 주로 다양한 계층의 무역 및 상인 등 계급에 사용된다.

8 남인도의 타밀나두 주(州)를 연고지(緣故地)로 하는 드라비다어계(語系)의 타밀어를 사용하는 사람들의 총칭이다. 예로부터 교역에 종사하였고, 스리랑카에 오래전부터 이주하여 소수민족을 이루었으

차이나타운의 건물에 직접적인 어떤 영향을 미쳤다고 생각하기는 어려우나 적어도 유럽 건축에 대해서는 잘 알고 있었을 것으로 보인다.

(3) 교통 및 주요 거리

① 교 통

차이나타운에는 Pagoda Street의 중간에 있는 North East Line과 Downtown Line에 MRT(Mass Rapid Transit) 스테이션이 있으며, 그것을 싱가포르의 교통 시스템과 연결시키는 여러 공공 버스 노선을 이용한다. 또한 바로 가까이에는 New Bridge Road 버스터미널뿐만 아니라 East West Line의 Tanjong Pagar 스테이션, East West Line과 North East Line 사이

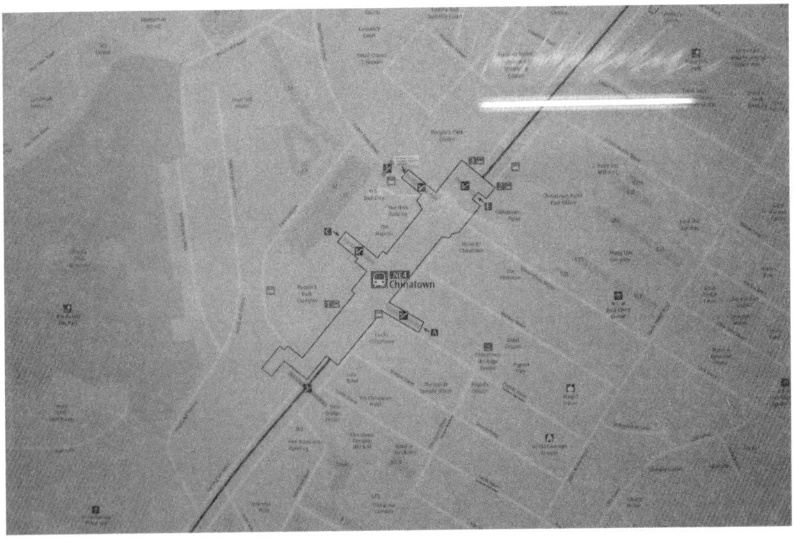

그림 3.16 MRT Chinatown역 부근 안내도

며, 인도 중앙고지(中央高地)나 동남아시아, 남 · 동아프리카, 피지 등에도 이주하였다.

그림 3.17 MRT Chinatown역 표지판

그림 3.18 New Bridge Road(新橋路)

의 분기점 역할을 하는 Outram Park 인터체인지(Interchange)와 North East Line의 Clarke Quay 스테이션이 있다.

② 주요 거리

● Mosque Street(**摩士街**)

싱가포르의 Outram Planning Area 내에 있는 차이나타운에 위치해 있는 일방 도로이다. 이 도로는 South Bridge Road를 New Bridge Road와 연결한다.

Mosque Street는 Jamae Mosque[9]의 이름을 본뜬 것이며 그 도로 끝에 있는 South Bridge Road에 위치해 있다. 이슬람 사원은 1830년 인도 남부의 Coromandel 해안에서 온 Chulia 무슬림(Muslim)들에 의해 완공되었고, 그 지역에 거주하고 있는 말레이 회교도들이 현재까지 사용하고 있다. 이 거리는 복건 방언으로 'kit ling bio pi'라고 부르기도 하는데, '왕의 사원 옆'이라는 의미로 알려져 있다.

9 masjid/jāmiʿ. 성원(聖院)이라고도 한다. 이슬람교도들이 예배하는 건물 또는 빈터를 가리킨다.

그림 3.19 Mosque Street(摩士街)

● Pagoda Street(**寶塔街**)

Pagoda Street는 Sri Mariamman 사원의 이름을 본뜬 것이다. 1850년대와 1880년대에 이 거리는 노예 매매의 중심지들 중 하나였다. 또한 막노동꾼 구역과 아편 흡연 소굴을 가지고 있다. 당시 상인들 중 한 명인 Kwong Hup Yuen의 이름을 본 딴 광동어 거리 명칭도 현재까지 사용되고 있다.

Pagoda Street는 싱가포르 Outram 계획 구역 내의 차이나타운에 위치하고 있다. 이 거리는 New Bridge Road와 South Bridge Road를 연결하지만, New Bridge Road 끝에 있는 차이나타운 MRT 역과 연결되어 보행자 도로로 변화되었다. 파고다 거리에 위치해 있는 문화유산 센터(CHC)에서는 차이나타운에 있는 초기 중국 정착민들의 생활 모습을 한눈에 볼 수 있다.

Pagoda Street는 그 거리의 South Bridge Road 끝에 위치해 있는 싱가포르에서 가장 규모가 크고 오래된 힌두교 사원인 Sri Mariamman 사원의

그림 3.20 Pagoda Street(寶塔街)의 Chinatown MRT역 출입구

그림 3.21 Pagoda Street(寶塔街)의 차이나타운 Heritage 센터

탑과 비슷한 고푸람의 이름을 본 따 명명되었다. 이 사원은 1827년 야자나무 잎과 목재를 사용하여 지어졌다. 현재의 구조물은 1843년에 세워진 것이며, 그 후 몇 차례에 걸쳐서 개조되었다. 초기의 이 거리는 아편 흡연 소굴로 유명했다. 이 거리는 1850년대와 1880년대 사이에 쿨리 매매 장소들 중 하나로 추정된다. 한편 20세기의 전환기에 이 거리를 따라 들어선 다수의 상가주택들은 막노동꾼들의 숙소가 되었다. 예를 들어, 1901년 이곳에는 12개에 달하는 막노동꾼들의 하숙집이 있었다. 1950년대까지, 이곳의 상가 주택들은 주로 소매업과 서비스업과 관련이 있었다. 파고다 거리에 있는 상가 주택의 구조와 차이나타운의 다른 부분들은 1822년 래플타운 계획에서 유래되며, 이 계획에는 이른바 '5피트 통로'의 필요성뿐만 아니라 상가주택을 건축하는 데 사용되어야 하는 재료들까지 규정해 놓고 있었다.

이후 이 지역은 직물과 양복점으로 널리 알려지게 되었고, 현재는 관보를 통해 보존 지역으로 발표된 역사적인 차이나타운 지역의 일부이다.

● Sago Lane(碩莪巷)

Sago[10] Lane은 싱가포르의 Outram 계획 구역 내에 있는 일차선 도로이다. 이 거리는 Banda Street와 Neil Road를 연결시키는 통로 역할을 하고 있다. 지난날 이 거리는 훨씬 더 길었고 주로 장례식장이나 시체실이 모여 있었으나 그 일부가 차이나타운 복합지로 알려져 있는 Kreta Ayer의 새로운 HDB 개발 계획으로 인해 1960년대 후반에 철거되었다. 현재 이 거리는 중국의 새해 축제기간 동안 차이나타운의 축제 및 바자회의 일환으로 진행되는 활동 공간으로 주로 사용되고 있다.

---

10 몇 종의 야자나무 줄기에 저장되어 있는 탄수화물에서 뽑아내는 식용 녹말로 메트록실론 룸피이(Metroxylon rumphii)와 메트록실론 사구(M. sagu) 등 인도네시아 제도가 원산지인 사고야자에서 뽑아낸다.

그림 3.22 Sago Lane in Chinatown, Singapore

이 Lane의 명칭은 1840년대 동안 Sago Street와 Sago Lane에 세워졌던 수많은 Sago 공장들로부터 유래하였다. Sago는 룸비아 야자나무의 중과피에서 나오며 케이크를 만들 때 사용되는 밀가루를 만드는 원료로 사용되었다. 1850년대 매년 총생산량이 8천 톤이었던 시기 시내에 약 30여 개의 Sago 공장이 있었다. Sago 공장 대부분은 Sago 거리 주변 지역에 있었다. 1920년대에 이 Lane은 차이나타운의 jinriksha 역으로 사용되었다. Sago Lane의 유명한 중국 시체실이나 장례식장은 19세기 후반에 존재했다. 이곳은 죽음이 임박한 사람들이 죽음을 맞이하는 장소였으며, 이곳의 상점들에서 장례와 관련된 도구들(장례식 의류, 가전제품, 주택, 차량, 향, 종이 등)을 판매했다. 이 시체실들은 1961년 정부에 의해 금지된 이후 1960년대 후반까지 거리의 모든 상가주택이 철거되었고, 이 거리의 나머지 일부도 차이나타운 내 복합단지 조성으로 인해 철거되었다.

● Sago Street(碩莪街)

Sago Street는 싱가포르의 Outram 계획 구역 내에 있는 차이나타운에 위치해 있는 거리이다. 그 거리는 Trengganu 거리를 South Bridge Road와 연결하는것으로 2003년 보행자 전용도로로 지정되었다. 1901년까지 이 거리에 사창가가 몰려 있었으나 20세기 이후 사라졌고 상가주택들은 1990년대에 복구되었다. 현재는 식품 매장, 술집, 소매점 등이 들어서 있으며 다른 한 편에는 노점상 거리도 자리 잡고 있다.

tua peh kong 사원이 그곳에 위치해 있기 때문에 광동어 사용자들은 이 거리를 "작은 사원 거리"라고 부른다. 복건 출신 화교들은 이 거리를 'gu chia chui hi hng koi cheng koi'라고 하며, 이는 'Kreta Ayer 극장 앞의 거리'를 의미한다. Sago Street에는 무덤들이 많아 광동어로 'sei yang gai', 즉 "망자의 거리"라고도 부른다.

그림 3.23 Sago Street in Chinatown, Singapore

● Smith Street(史密斯街)

Smith Street는 싱가포르 차이나타운 지구의 심장부를 관통하고 있는 작은 거리이다. 유럽인의 이름을 본뜬 이 도로는 1887~1893년의 기간 동안 해협식민지 고등 판무관이라는 직책으로 비밀사회의 문제를 해결하는 일을 담당한 관료이며 중국학자로서도 인기가 높았던 Cecil Clementi Smith 경을 기념하고 있다.

영어 이름을 가진 도로가 다 그렇듯이, Kreta Ayer 지역의 36 단위 및 엔터테인먼트 센터에 위치해 있는 Lai Chun Yuen 극장에 대해서도 '극장 거리'를 의미하는 hei yuen kai라는 비공식적인 중국 이름이 붙어 있다. 이 극장은 1880년대에 한때 존재했으며 1927년 이전까지 이곳에서 월극(粵劇) 공연이 이루어졌다. 영화관이 도입되면서, 이 극장은 제2차 세계대전 직전에 'SunSeng시네마'라는 영화관으로 바뀌었고, 전쟁 중이던 1942년 폭탄 투하로 인해 파괴되었다. 홍등가로, 그리고 손꼽히는 '먹자골목'

그림 3.24 Smith Street(史密斯街)의 food centre

그림 3.25 PEOPLE'S PARK

으로서 전성기를 구가하는 동안 이 거리의 명성을 듣고 노점상들이 몰려 들었다. 오늘날에는 이곳의 일부를 폐쇄하여 그 바깥에 먹거리 장소를 새로 만들었다.

● Temple Street(登婆街)

Temple Street는 싱가포르의 Outram 계획 구역 내에 있는 일방통행로이다. 이 거리는 New Bridge Road를 South Bridge Road와 연결하며, Trengganu 거리와 교차한다.

원래 Temple Street의 공식 명칭은 Temple Street와 Trengganu 거리의 교차 지점의 토지를 소유했던 José D'Almeida의 아들인 Joaquim d'Almeida의 이름을 본뜬 Almeida Street였다. 1825년에, 포르투갈 의사 겸 상인인 José d'Almeida은 여기에 병원과 상점을 개설하고 포르투갈과 중국 제품을 거래하여 재산을 모았다. 1908년 시의원들은 D'Almeida의 이름을 본뜬 싱가포르의 다른 거리와의 혼동을 피하기 위해 Temple Street로 이름을 변경했다. Temple Street라는 명칭은 그 거리의 South Bridge Road 끝에 위치해 있는 싱가포르에서 가장 오래된 힌두교 사원인 Sri Mariamman 사원에서 유래했다. 이 사원은 1827년 페낭에서 스탬포드 래플즈(Stamford Raffles)를 수행하여 싱가포르를 방문한 Narayana Pillay에 의해 설립되었다. Narayana Pillay가 처음 사업을 시작했을 때 그 사업장이 화재로 인해 소실된 적이 있었는데 래플즈의 도움으로 재기할 수 있었다. 이에 Pillay는 재기에 성공하여 지금의 Raffles Place인 상업구역으로 이사한 후 감사의 의미로 목재와 야자나무 잎을 이용한 사원을 건축하였다. 이 사원은 1843년 벽돌과 회반죽 구조물로 대체되었으며, 그 후 여러 차례에 걸쳐서 수리, 개조되었다.

이 거리의 중국 명칭인 'hei yuen hau jie' 또는 '극장 뒤 거리'는 전쟁 중 폭탄 투하로 인해 손상되기 전까지 1880년대에서 제2차 세계대전까지

그림 3.26 Temple Street(登婆街)

차이나타운의 주요 랜드마크였던 스미스거리의 Lai Chun Yuen이라고 하는 중국 극장의 뒤쪽 거리를 말한다. 사원 거리는 도자기와 생활용품을 판매했던 수많은 조주 상인들의 본거지였다. 또한 대장장이, 양철공, 그리고 금속제품의 작업장이 있었다.

- Trengganu Street(**牛車水橫街**)

Trengganu Street는 Outram 계획 구역 내 차이나타운에 있는 거리이다. 이 거리는 Pagoda Street와 Sago Street를 연결하며, Temple Street, Smith Street와 교차한다. Pagoda Street에서 Smith Street로 진행되는 Trengganu Street 구역은 1997년 보행자 전용도로로 전환되었으며, 그 거리의 나머지 구역과 Sago Street 역시 2003년에 보행자 전용도로로 전환되

었는데 지금은 싱가포르 차이나타운 관광 벨트의 중심을 형성한다.

그림 3.27 Trengganu Street(牛車水橫街)

Trengganu Street는 현재 말레이시아 반도의 북동쪽에 있는 술탄 국가인 Terengganu의 이름을 본땄다. 스펠링에서의 차이는 해당 국가가 거리 명칭을 정할 시점에서 그 거리에 주어진 해당 국가의 이전 명칭인 'Trengganu'에 기인한다.

Trengganu Street는 과거에는 '싱가포르 화교의 피커딜리'로 묘사되었으며, 복건 방언으로는 'gu chia chui wah koi', 즉 'Kreta Ayer의 교차로'라고 불린다. Kreta Ayer는 차이나타운 지역을 말하고 거리의 건널목은 Smith Street와 Sago Street를 일컫는다. 이후 사람들은 광동어로 Smith Street에 있는 유명한 극장인 Hei Yuen Kai 또는 Lai Chun Yuen '극장 옆 거리'라는 의미의 명칭을 사용하기도 하였다.

Trengganu Street의 노점상들은 조리된 저렴한 음식에서 가정용품에 이르기까지 다양한 상품들을 판매했다. 1968년 중앙 차이나타운지구에서 매일 운영 중인 1,200개의 노점상들이 있었으며, 매점 대부분은 Trengganu Street, Sago Street 및 Banda 거리에서 쉽게 찾아볼 수 있었다. Trengganu Street는 그 거리의 양쪽을 따라 상점이 형성되어 있는 보행자 전용도로로 전환되어 왔으며, 날이 어두워지면 야시장으로 바뀐다. 이곳의 일부 상가주택들은 예술 공연단의 본거지로 알려져 있다.

● Teo Hong Road(趙芳路)

Teo Hong Road는 Outram 계획 구역 내의 Tanjong Pagar 지구에 위치해 있는 일방도로이다. 이 도로는 Bukit Pasoh 도로를 New Bridge Road와 연결하며, 식민지 시대에 세워진 이래 현재까지 보존되고 있는 상가주택과 나란히 위치하고 있다. 보존 구역은 Bukit Pasoh 보존 구역의 일부이다.

이 거리의 명칭은 趙芳(Teo Hong)이라는 목공의 이름에서 유래하였다. 趙芳은 싱가포르로 이주한 이후 건축업자로 일했는데 Collyer Quay에 있는 'Fullerton Singapore'와 Havelock Road에 있는 '옛 노동부 청사'와 같은 중요한 상징적인 건물들 중 일부가 그의 프로젝트들에 속해 있었다. 趙芳은 또한 Jurong(裕廊)에 파인애플 재배지를 보유하고 있었으며, 그 지역에 있는 교포들을 위해 학교를 세워 기부하기도 하였다.

그림 3.28 Teo Hong Road(趙芳路)

● Tanjong Pagar(丹戎巴葛)

Tanjong Pagar(또는 Tanjung Pagar)은 도시 재개발당국의 도시계획구역에 속하는 Outram 계획 구역과 다운타운 도시부에 속하는 싱가포르 중앙 비즈니스 구역 내의 역사적 구간이다.

말레이어 Tanjong Pagar은 'cape of stakes'를 의미하며 이는 이전의 곶(promontory)에 위치하고 있던 어촌 마을들을 가리키는 표현이기도 하다. 이 명칭은 'Tanjong Malang' 마을에서 현재의 'Tanjong Pagar'인 곳까지 해안 윤곽을 따라 설치된 kelongs(나무말뚝과 십자형 목재 부품들을 사용하여 세워진 해안 말뚝 울타리 모양의 어로장치)의 존재와 관련이 있는 것으로 추측된다. South Bridge Road는 어촌 마을로 이어졌으며, 이곳의 존재는 이미 1836년 'George Drumgoole Coleman'의 지도에 보이고 있다. 이 같은 명칭과 관련하여 훨씬 더 그럴듯한 설명은 이 지역의 전설에서 찾을 수 있다. 말레이 연감에 따르면, 싱가포르 해안 마을들이 황새치 여울의 맹렬한 공격을 받은 적이 있었다. 이때 'Hang Nadim'이라는 매우 영민한 한 소년의 제안에 따라, Sri Maharajah는 해안을 따라 바나나 줄기로 만들어진 장애물을 구축하여 바다로부터 뛰어오르면서 주둥이로 공격하는 물고기를 성공적으로 잡아들였다. Tanjong Pagar은 원래 어촌 마을의 이름인 'Salinter'라는 명칭으로 불렸다.

부두와 마을 사이에 위치해 있는 Tanjong Pagar에는 19세기 중반부터 싱가포르로 이주했던 수천 명의 화교 및 인도인 부두 노동자들로 이루어진 씨족공동체들이 모여 있는 곳이었다. 1850년대 선박산업 성장의 영향으로 1864년 'Tanjong Pagar Dock Company'가 설립되었을 당시에 부두가 건설되었다. Tanjong은 '곶(cape)'을 나타내며 pagar은 '울타리'나 선박이 계류되는 부두와 같은 밀폐된 공간을 의미한다. 당시 Tanjong Pagar은 구체적으로 'Victoria Dock' 인근의 PSA Gate 3의 위치를 가리켰다. Tanjong Pagar Road는 또한 민남방언으로 'tan jiong pa kat'이라고도

그림 3.29 Tanjong Pagar(丹戎巴葛)

부른다.

한편 1864년 부두가 운영을 시작하자 그곳의 부동산을 구입하기 위해 부유한 중국인들과 아랍 상인들이 모여 들면서 Tangjong Pagar의 토지 가격이 올랐다. 반면 빈곤한 노동자의 확산은 인구과잉, 오염, 아편 및 매춘과 같은 사회 문제로 이어졌다. 이에 따라 Tanjong Pagar은 도심 빈민가로 쇠퇴했다. 제2차 세계대전까지 Tanjong Pagar은 여전히 인도의 소수민족과 함께 노동자 계급인 민남화교들의 집거 구역이었다.

1980년대 중반에 Tanjong Pagar은 싱가포르 정부가 공식적으로 지정한 최초의 보존지역이 되었다. 보존 사업이 끝났을 때, 그 지역의 상가주택 대부분은 본래의 모습으로 복구되었다. 그러나 비록 Tanjong Pagar의 오래된 유물들의 흔적(낡은 수영장, 특이한 구두 수선공)이 약간 남아 있기는 하지만 오늘날 Tanjong Pagar의 면모는 완전히 바뀌었다. 오늘날, Tanjong

Pagar은 번창하고 있는 기업, 커피점, 술집 및 레스토랑이 빼곡하게 들어서 있는 인기 있는 명소가 되었다.

3. 집단적 기억의 재현과 정체성

싱가포르 화교들은 이주 후 본토에서의 집단적 기억을 재현하기 위한 공간과 사회문화기관을 설립하고 이를 중심으로 자신들의 정체성을 유지해오고 있다. 싱가포르 화교들이 공동으로 창출한 대표적인 집단적 기억 재현의 공간 및 사회문화기관은 다음과 같다.

1) 집단적 기억 재현의 공간

(1) 천연무대/대화극원(天演舞臺/大華戲院)

1928년에 싱가포르 차이나타운의 아이콘이 하나 탄생하였다. 천연무대(天演舞台), 즉 오늘날의 대화극원(大華戲院)은 여동선(餘東璿)의 위탁을 받아 건축 회사인 'Swan'과 'Maclaren'이 설계하였다고 알려져 있다. 이 극장은 또 다른 두 개의 랜드마크라고 할 수 있는 Pearl 시장과 남천그랜드호텔(南天大酒樓) 사이에 위치하고 있었다.

관객들은 영화를 보기 전에나 보고 난 후 좋아하는 음식을 사기 위해 Pearl 시장에 들르곤 했다. Pearl 시장은 1968년에 철거되었지만 남천그랜드호텔은 여전히 그 옆에 서 있다.

1928년, 천연무대(天演舞台)에서는 가끔 무성 영화와 광동의 전통극인 월극(粵劇)을 무대에 올렸다. 1938년, 영화제작회사인 'Shaw Organization'은 Tian Yan Theatre를 임대한 후 황후극장(皇后戲院)으로 명칭을 바꾸었다. Shaw의 등장은 중국에서의 제2차 청일전쟁과 같은 시기였다. 이곳에

그림 3.30 대화극원(大華戲院)

서 화교들은 중국을 지원하는 구호기금을 모으기 위해 다양한 프로그램을 선보였고 황후극장은 기금모금을 위한 정기적인 공연 장소가 되었다.

그러나 이와 같은 중국 구호기금 모금활동은 일본의 싱가포르 침략으로 막을 내렸다. 1942년 2월, 일본이 싱가포르를 점령한 후, 이 극장은 일본인들에 의해 강탈되었으며 명칭을 대화극장(大和劇場)으로 바꾸었다. 이 시기 중국의 여배우인 李香蘭(이향란)의 영화들이 주로 이 극장에서 상영되었는데, 李香蘭은 요시코 오타카(大鷹淑子)로도 알려져 있었으며, 훗날 일본 밀정 혐의로 기소되었다.

종전 후, Shaw Organization이 다시 극장을 사들였고, 극장 명칭을 오늘날까지 계속 사용되고 있는 大華戲院으로 개칭하였다. 여동선(餘東璿)이 자신의 부인에게 선물하기 위해 만들었던 이 극장은 이후 차이나타운의 문화경관의 상징이 되었다. 2003년 이 '대극장'은 쇼핑 및 레저센터로 변모하였다가 2007년 말 이 쇼핑센터마저 영업을 중단하게 되면서 그 명맥이 끊기고 말았다.

(2) 이춘원(梨春園)

싱가포르의 차이나타운에는 사라진 이후에도 오랫동안 명성이 계속되는 유명한 극장이 있다. 이 극장은 1887년에 설립된 것으로 추정되는 梨春園이다. 이 극장에서는 주로 현지, 중국 및 홍콩 극단이 공연하는 월극(粵劇)을 무대에 올렸다.

공연자들은 유명 인사들이었으며 팬클럽도 있어 팬들은 값비싼 선물과 보석을 자신들이 좋아하는 스타들에게 선물하기도 하였다. 가장 매력적인 선물은 아마도 예술가의 이름을 기념하기 위해 준비된 달러 지폐를 담은 판자였을 것이다. 이러한 정교한 판자들은 오늘날에도 여전히 오페라 공연에서 찾아볼 수 있다.

그림 3.31 월극(粵劇)의 한 장면

극장은 각각의 공연에 대한 일반석 티켓을 고가로 판매했다. 부유한 사람은 자신만의 회랑을 보유하고 있는 반면에 일반석 티켓 보유자들은 무대 앞 1층에 모여 있었다. 극장은 대략 500명의 관객들을 수용할 수 있었다.

행상인들은 음식을 판매하고 장난감 판매상은 오페라와 관련된 수공예품 및 장난감을 극장근처에서 판매하였다. 이 수공예품 중 일부는 지금도 차이나타운 야시장에서 판매되고 있다.

1930년대 후반, 새로운 오페라 극장들이 개설되었고 새로운 형태의 엔터테인먼트인 영화가 인기를 끌면서 梨春園의 인기가 떨어지고 결국 운영이 중단되었다.

극장은 나중에 'Shaw Organization'에 의해 임대된 후 이름을 신성극원(新聲戲院)으로 개칭하여 관객들에게 새로운 볼거리인 영화와 현대극을 제공했다.

1941년 12월, 일본의 항공 폭격으로 극장이 화염에 휩싸여 폭파되었다.

1988년 12월, 대만의 불교 자선단체인 자제자선사업기념회(慈濟慈善事業基金會, 약칭 '慈濟')가 梨春園의 이전 위치로 이사했다. 2004년, 慈濟의 무료병원과 靜思書軒(Jing-Si Books & Cafe)이 개설되었고 2007년 후반에 慈濟는 다시 차이나타운 밖으로 이사하였다.

(3) 복덕사대백공묘(福德祠大伯公廟)

Palmer Road에 있는 福德祠는 객가인 출신 화교들에 의해 건립되었으며, 19세기 싱가포르에 영국인이 도착하기 이전에 세워진 것으로 보인다. 싱가포르에서 大伯公을 모시는 가장 오래된 사원인 福德祠는 현재까지도 원래의 건립 위치에 남아있는 보기 드문 사원 중 하나이다.

사원의 공식적인 건립은 1844년에 시작되었다고 현판에 기록되어 있는데 해변에 건축되어 '바다를 바라보는 大伯公(望海大伯公)' 사원으로 알려

그림 3.32 福德祠 실내

져 있다. 중국의 사원은 일반적으로 감사의 마음을 표현하기 위하여, 또는 역사적 사건을 기념하기 위하여 신자들이 건립한다. 이후 성지의 명성이 숭배를 이끌어내고 자원의 이용 가능성이 높아지게 되면 원래의 근대적 구조물을 대체하기 위해 적절한 사원이 신축되면서 대중적인 존재로 성장해 갔다. 따라서 중국 사원의 역사는 대부분 공식적인 창립일보다 더 오래된 것이라고 볼 수 있다.

1861년, 福德祠는 전당포와 중국 약국을 포함한 민간인, 사회단체 및 기업의 기부와 모금활동을 통하여 대대적인 개조 과정을 거쳤다. 객가 종족 연합체인 應和會館과 豐永大公會는 이러한 기부 및 모금 활동의 주요 후원자들이었다.

사원의 실내 건축은 서로 다른 시기 및 방언 집단들에 의해 이루어졌다. 중앙 현판인 福蔭群生은 청대 光緒황제 통치기간인 1903년으로 거슬러 올라가며 다른 중요한 종교 공예품으로는 雲板 청동종(bronze bell)과 청나라 후반의 비석이 포함되어 있다.

과거에는 이곳에서 주로 뱃사람들의 안전을 빌었으나 새로운 이주민들은 싱가포르에서의 안전과 성공을 기원하는 사회 및 종교행사를 진행하였다. 따라서 사원에서 이와 관련된 수많은 사회, 문화 및 종교적 기능을 담당했기 때문에 객가인들뿐만 아니라 모든 방언집단들이 이곳의 재건과 유지를 위한 후원에 참여하였다. 이 같은 배경으로 인하여 현재 이 사원의 위치, 역사 및 물질문화는 이상적인 교육 및 연구의 현장으로 이용되고 있다.

오늘날 사원 부근의 해안선은 매립 작업으로 사라졌다. 사원의 이러한 변화과정은 싱가포르의 성장과정을 한눈에 살펴볼 수 있는 축소판이라고 할 수 있다. 따라서 사원은 역사 및 공간적 표지로서의 중요한 기능을 하고 있다. 예를 들어, 스탬포드 래플즈가 싱가포르를 개항한 지 42년이 지난 1861년에 건립된 사원 내 비석에는 객가를 비롯한 화교 공동체가 상호지원과 생계유지를 위한 사업을 수행하는 사회기관으로서의 역할뿐만 아니라 이러한 서로 다른 조직들이 긍정적인 영속성을 창출하는 프로젝트들을 지원하기 위해서 더 큰 사회 시스템으로 통합되었음을 보여주는 풍부한 사회적 정보들이 기록되어 있다.

최근 들어 福德祠는 고층 건물들의 틈새에서 새로운 운명을 맞이하고 있다. 신자들은 영적, 종교적인 구원을 위해 계속해서 사원을 방문하고 있고 문화유산 애호가, 관광객, 고고학자, 인류학자 및 역사가는 교육이나 연구목적으로 이 사원을 찾고 있다. 한편, 福德祠 관리위원회는 사원이 차세대를 위해 더욱 온전한 모습으로 보존될 수 있도록 이 사원을 관보에 게재할 것을 지속적으로 호소하고 있다.

(4) 천복궁(天福宮)

바다의 여신 마조(媽祖)를 모시는 이 복건 사원은 싱가포르가 무역항으로 개항된 지 21년 후인 1840년 새로운 이주민들이 상륙했던 지점에 창건되었다. 초기 중국계 이주민들은 그들 자신과 중국에 남아 있는 가족들을 위한 기회를 찾아 중국을 떠나 바다를 건넜다. 이들의 유일한 교통방법은 바닷길뿐이었고, 이주민들은 지루하고, 불편하며, 때로는 운명을 걸어야 하는 여행을 견뎌냈다. 해상 조건이나 그들 앞에 놓인 미래에 대한 아무런 결정권도 가지고 있지 않았던 이주민들이 할 수 있는 유일한 행위는 해신의 축복과 가호를 비는 것이었고, 그들은 이를 통해 심리적 안정을 얻고자 하였다. 바다를 무사히 건너 안전하게 싱가포르에 도착해야만 그들의 운명은 확실해질 수 있었고 天福宮에서 기도를 드리는 것이 이를 보장하기 위한 단 한 가지 방법이었던 것이다. 이 같은 의미를 가지는 마조의 제단은 이주민들의 십시일반 후원에 의해 작은 성지에 최초로 마련되었다. 이 경건한 제단은 후대 이주민들에게 의례와 기도를 위한 장소로 제공되었고, 20세기 초반까지 복건 화교 공동체의 주요 관심사가 되었다.

이주민들이 싱가포르에 정착한 이후에도 바다 신인 마조에 대한 숭배는 지속되었고 성공한 이주민들은 이 같은 성지를 공식적인 사원으로 변모시키는 데 기여하였다. 그 결과 1840년, 싱가포르 복건 화교들의 활동 중심지로서의 의미를 갖는 天福宮이 설립되었고 이 사원에는 마조, 保生大帝(의학의 신), 關公(정의의 신), 觀音 등 다양한 신들이 모셔졌다. 사원의 출현은 새로운 이주민들과 경제적으로 성공한 이들의 공동체 정신을 반영하였으며 각종 축제와 행사들은 바다의 여신이나 공자의 탄신일뿐만 아니라 다른 주요 신들을 기념하였다. 이러한 여러 가지 기념의식은 오늘날까지도 지속되고 있다.

1907년 청 황실의 자희태후(慈禧太后)가 이 사원에 황실 족자를 수여하였는데, 이러한 이른바 제국의 영광은 중국의 정치적 환경에서 화교들이 미치는 영향뿐만 아니라 이주민들의 삶에서 天福宮의 중요성을 반영하고 있다.

인구가 증가하고 더 많은 사람들이 정착해감에 따라 새로운 사회적 수요가 생겨나면서 화교 공동체의 사회복지문제를 논의하기 위한 福建會館이 형성되기에 이르렀다. 결국 복건 화교들은 그들의 활동 중심지였던 天福宮을 벗어나 거리에 福建會館 사무실을 마련하고 본격적인 활동을 시작하였으며, 이 단체는 오늘날까지 그 활동을 지속하고 있다. 청일전쟁 기간 동안 天福宮과 福建會館은 중국구호기금을 모으는 주요한 활동 공간으로 기능하였다. 이 당시의 福建會館과 중국구호기금 의장이 바로 유명한 화교 지도자인 陳嘉庚이었다.

天福宮은 1973년 국립기념관으로 지정되었으며 다문화적인 싱가포르에서 오늘날까지도 다양한 기능을 수행하고 있을 뿐만 아니라 각종 종교 행사를 지속적으로 개최하고 있다. 이 같은 다양한 행사와 기능들은 오늘날 싱가포르와 세계 각지에서 몰려드는 방문객들의 종교, 사회 및 문화적 필요성에 기여함으로써 초기 이주민들의 정신을 실현하고 있다.

(5) 구화산보은사(九華山報恩寺)

1942년 2월 14일, 일본 군대가 Pasir Panjang 지역을 장악한 이후 1945년 항복할 때까지 싱가포르는 일본의 식민지가 되었다. Pasir Panjang 전쟁이 벌어지는 동안, 공격을 감행한 일본인들과 방어를 한 영국군인들 및 죄 없는 시민 등 수많은 사람들이 목숨을 잃었다. 이후 일본이 항복한 지 9년이 지난 1954년 싱가포르 화교인 李俊承과 OCBC(Oversea-Chinese Banking Corporation) 은행의 공동 설립자가 전쟁 사망자들의 넋을 기리고, 地藏菩薩을 모시기 위한 목적으로 九華山報恩寺를 창건했다.

報恩寺는 설립 초기부터 민족, 국적, 종교 및 성별에 상관없이 사람들에게 열려있는 혁신적인 절이었다. 報恩寺는 1959년 영어교육을 받은 대졸 신도의 포교를 위해 미국인 테라와다불교(Theravada)[11]의 승려 Venerable Sumangalo[12]를 초대 주지로 임명하였다. 그는 같은 해 중국계 여성 불교 개척자인 畢俊輝[13]와 함께 地藏菩薩本願經(Ksitigarbha Bodhisattva Sutra)을 영역(英譯)하였다.

설립 이후 거의 반세기가 지난 후인 2003년 李俊承의 손자이자 報恩寺의 명예회장인 李文襄은 야심찬 복구 계획을 발표했다. 복구 노력들에는 많은 노인 신자들의 접근을 돕기 위하여 고안된 태양 전지판의 설치가 포함되는 등 수많은 친환경적 요소들이 고려되었다.

2008년, 2차 복구 작업이 완수되었고 그 이후로도 복구 작업이 계속되었다. 한편 報恩寺는 원래의 설립 취지에 따라 신도들뿐만 아니라 많은 일반 대중 및 난민, 망명자들, 그리고 현지 방문객과 관광객에게 널리 개방되고 있다. 많은 싱가포르인들은 편안한 노년의 주택 설계를 위한 영감을 얻기 위해 이곳을 방문하고 있으며, 환경 단체들은 이곳의 친환경적 특성들을 배우기 위해 방문하고 있다.

(6) 쌍림사(雙林寺)

雙林寺는 싱가포르에서 최초이자 현존하는 가장 오래된 절이다. 1898년 화교 사업가인 劉金榜이 토지를 기부했고, 賢慧法師가 초대 주지로 부임했다. 공식 명칭은 蓮山雙林寺로 '연꽃 핀 언덕 위에 세워진 쌍동이 숲속 절'이라는 의미를 가지고 있다. 雙林寺의 기둥에는 丘菽園과 陳寶深 등과 같은 저명한 문인, 그리고 清朝의 마지막 황제인 溥仪 등이 남

11 개인적 해탈을 중시하는 남방계 불교 종파. 대승불교에서는 소승이라는 폄하된 명칭으로 부른다.

12 Venerable Sumangalo(1903~1963), 페낭불자연합(Penang Buddhist Association)의 일요불교학교(Buddhist Sunday School) 설립자로 1959년 報恩寺의 명예주지로 임명됨으로써 싱가포르 최초의 서양인 주지가 되었다.

13 畢俊輝(1902~1982), 근대의 걸출한 우바이(優婆夷: 출가하지 않은 여자 불교 신자) 중 한 명. 광동 화현(花縣) 출신으로 6살 되던 해 아버지를 따라 말레이시아 페낭으로 이민하였다. 중국어, 영어 교육을 함께 받아 두 언어에 모두 능통하였다.

긴 대련(對聯)이 새겨져 있어 오늘날까지 전해진다. 이밖에 이 절의 규모와 건축양식은 싱가포르의 불교도, 학생, 관광객들의 눈길을 끄는 두드러진 상징물이 되었다.

이 절의 주지 중 가장 널리 알려진 두 사람은 普亮法師와 高參法師이다. 1917년부터 1942년까지 제10대 주지를 역임했던 普亮法師는 제2차 청일전쟁 기간 동안 중국구호기금의 강력한 지지자로 남양 자원봉사자들(南僑機工)이 버마 루트(滇緬公路)로 떠나기 전 이 절에서 훈련을 받도록 했다. 그는 싱가포르가 일본에 의해 점령당한 후 일본군에 체포되어 樟宜 해안에서 처형당했다.

1948년에서 1960년 사이 제12대 주지를 역임하였던 高參法師는 학식이 높고 덕망 있는 불교지도자이자, 유능한 한의사인 동시에 소림무술의 고수였다. 高參은 소림무술로 가장 널리 알려져 있으며 그의 제자들은 그의 조예(造詣)를 유럽, 북미, 호주뿐만 아니라 아시아 전역에 전파하였다. 세계 도처에 있는 高參의 무술 제자들은 스승의 전설을 찾아 매년 그의 제일에 맞춰 雙林寺를 찾아 존경심을 표하고 있다. 또한 일부 제자들은 그를 기념하기 위한 高參寺 설립 계획을 세우고 있다.

1980년 雙林寺는 싱가포르의 국립기념관으로 공식 지정되었으며 1991년에 복원 공사를 시작하여 현재는 거의 완성 단계에 있다. 이 절의 주요 시설물들은 신도 및 제자, 현지 방문객, 국외 거주자, 관광객, 그리고 학생들에게 널리 개방되고 있다.

(7) 금동부(金洞府)

金洞府는 1966년 싱가포르 Geylang Lorong 지역에 세워졌다. 대부분의 중국식 사원과 마찬가지로 이곳은 마을 생활의 중심지로 주민들과의 관계가 돈독해지면서 중국인으로서의 공동체의식의 강화에 기여하는 공간이었으며, 주민들 또한 각종 기념행사와 종교의식 등을 통해 공동체 활동에 참여하였다.

金洞府는 青面大人이라고 불리는 복건 지역 토속신에게 그의 영매[14]를 통해 제의(祭儀)를 행하고 있다. 신은 주민들의 정신적 평온과 안전을 보살폈다. 1966년, 青面大人은 영매를 통해 이색적인 지시를 내렸다. 그것은 동료 신인 金面大人이 영매를 찾고 있으니 金面大人을 모시고 그 영매를 찾으라는 것이었다. 이에 따라 사람들은 중국에서 특별히 金面大人의 신상을 모셔와 종교의식을 통해 새로운 영매를 선정하였다. 이 이야기는 1966년 이후 싱가포르 金洞府의 창건과 변화 과정을 반영하고 있다. 1966년 이후 싱가포르는 개발도상국에서 초기 산업국가로 변형되었으며 한때 金洞府가 서 있던 마을은 현재 Geylang 차이나타운의 일부를 이루고 있다.

현재는 싱가포르 전역에서 신의 도움을 구하기 위하여 金洞府를 찾는 사람들의 발길이 끊이지 않고 있으며 연구 자료를 찾는 인류학자, 심리학자, 역사학자와 사회학자들의 방문도 이어지고 있다.

문화대혁명이 시작된 1966년은 중국의 정치적 지형에서 볼 때 격변의 한 해였다. 이 기간 동안, 중국의 전통 및 종교적 신념과 시설의 상당부분이 파괴되거나 터부시 되었다. 한편 1965년 싱가포르가 해방을 맞이하자 싱가포르 화교들은 영구적으로 정착하기 시작하였으며, 金面大人의 등장은 이러한 싱가포르 화교들의 영구 정착을 의미하는 상징이었다.

오늘날 金洞府는 전문직 직업인들과 젊은이들의 방문이 증가하고 있다. 또한 이곳의 종교적 의례는 기존의 마을 주민들과 새로운 이주민들이 서로를 이해할 수 있는 기회를 제공하고 있다. 사회적인 의미에서 볼 때, 이들은 이곳을 통해 싱가포르 사회의 다양한 자선활동을 지원함으로써 작은 마을의 범주에서 벗어난 더 넓은 영역에서 다문화적인 싱가포르 사

14 신령이나 죽은 사람의 영혼과 의사가 통하여 혼령과 인간 사이를 매개하는 일, 또는 그 사람을 가리킨다.

회의 조화에 기여하고 있는 것이다.

(8) 부킷 브라운 묘지(Bukit Brown Cemetery)

부킷 브라운 묘지(BBC)는 1923년 1월 1일에 중국의 공동묘지로 개설되었으며, 1973년에 폐쇄되었다. 이 묘지는 싱가포르의 서로 다른 역사 기간에 걸쳐서 거주했던 10만여 명을 위한 영면의 땅이며, 여기에는 잘 알려진 일부 공동체, 정치 및 사업가들의 무덤을 포함하고 있다. 부킷 브라운 묘지는 중국 이외 지역에 있는 가장 큰 중국인 묘지 중 하나이며, 다른 묘지들이 부동산과 도시개발을 위해 사라졌을 때에도 훼손되지 않은 극소수의 묘지들 중 하나이다.

2011년, 싱가포르 당국은 부킷 브라운 묘지를 관통하는 8차선 도로를 새로 건설하기 위한 계획을 발표하였다. 이러한 발표는 싱가포르의 성장과 개발로 인해 토지가 부족한 싱가포르에서 훨씬 많은 공간이 요구됨에 따라 오히려 당연시 되었다. 그러나 현대 싱가포르의 화교 사회는 개발 위주의 정책에 반대하면서 자신들의 정체성과 문화적 뿌리에 관심을 가지기 시작하였다. 부킷 브라운 묘지는 오랜 역사를 지니고 있는 종족 공동묘지 중 하나로 문화자본의 현장을 상징하고 있다. 이 무덤이 가진 의미의 연구와 정부에 부킷 브라운 묘지의 보존을 호소하기 위한 다양한 집단들이 생겨났다. 그러나 싱가포르 정부는 이러한 요구들에 대해 여전히 난색을 표하고 있다. 부킷 브라운 묘지의 역사적인 중요성과 그에 대한 관심 증가 그리고 연구를 기다리고 있는 중요한 많은 정보들이 있다는 사실에 비추어 싱가포르의 부킷 브라운 묘지의 파괴는 진시황(秦始皇)의 분서갱유(焚書坑儒)나 중요한 문화재가 회복 불가능하게 파괴된 문화혁명(文化革命)과 비견되고 있다.

부킷 브라운 묘지의 무덤들 중 일부는 100여 년 이상의 역사를 가지고 있다. 이러한 역사적 의미를 지닌 문화자원이 수백 년 이상 유지되지

그림 3.33 부킷 브라운 묘지 내의 무덤

않을 것이 분명한 도로에 길을 열어주기 위해 영구적으로 파괴된다는 것은 반문명적인 행위라는 것이 화교사회의 일반적인 인식이다. 무덤은 다른 공간과는 달리 파괴하기는 쉽지만 일단 파괴되면 복구할 방법이 없다. 벽돌로 해체 및 재건될 수 있는 사원과는 달리, 무덤은 동일한 방법으로 재배치될 수 있는 가능성이 전혀 없기 때문이다. 2012년 선거에서 싱가포르의 국무총리는 이 같은 일방적인 도로 건설 정책에 대해 용서를 구하고 시민들의 의견을 경청하기로 약속했다.

2) 사회문화기관

(1) 상령음악사(湘靈音樂社)

湘靈音樂社(약칭 '湘靈')는 1941년 南音과 梨園[15]을 계승 발전시키기 위해 창립된 문화기관으로 차이나타운에 위치해 있으며, 싱가포르 곳곳에서

정기공연을 진행하고 있다.

湘靈의 역사는 1901년 설립된 恒韻協會까지 거슬러 올라간다. 恒韻協會는 원래 복건(福建) 출신 화교들이 南音을 들으며 향수를 달래고자 했던 필요에 의해 처음 설립되었다. 이후 1937년 제2차 청일전쟁이 발발하자 오늘날의 동남아시아인 남양군도(南洋群島)의 화교들은 중국을 지지하기 위해 조직된 중국구호기금에 적극적으로 참여하였다. 恒韻協會는 당시의 슬로건인 '有錢出錢, 有力出力(돈 있는 자는 돈을 힘 있는 자는 힘을)'에 호응하여 南音 공연을 통해 중국의 전쟁 상황에 대해 알리고 화교들의 민족의식을 고취하였으며, 나아가 구호기금을 모금하였다.

恒韻協會는 이후 청일전쟁에 중립적인 입장을 고수하였던 영국 식민지정부에 의해 해체되었다가 1941년 일부 멤버들이 참여하는 湘靈音樂社를 설립하였다. 그러나 1년 후 일제점령기가 시작되면서 모든 활동이 전면 중단되었다.

전후 기금모음이나 주요 행사의 기념식 등 사회적 목적의 공연을 다시 재개하였으나 1970년대에 들어서면서 서양문화의 영향으로 쇠퇴의 길을 걸었다. 이처럼 내외적으로 어려움을 겪고 있던 시기에 湘靈의 사장으로 취임한 丁馬成은 南音의 개혁과 중흥(改革南音, 重振南音)을 주창하고 이를 실질적으로 이끌었다. 이를 위하여 丁馬成은 1977년 제1회 '동남아 남악(南樂)대회'를 개최하였고, 1980년대에 들어서는 음악단을 이끌고 中國 泉州, 廈門의 '南音大會唱'에 수차례 참가하였으며 필리핀, 인도네시아, 말레이시아, 일본, 홍콩, 대만 등 국가를 방문하였다. 또한 1983년 영국 웨일즈에서 열린 제27회 'Llangollen Musical Eisteddford award'의 포크송 솔로부문에서 남곡(南曲) 『感懷』로 3위에 오르고, 앙상블 부문에서 합

15 南音, 福建 泉州에서 발원한 고대 중국 음악의 일종으로 노래와 연주가 어우러지는 형식이다. 梨園, 고대 희곡 극단의 별칭으로, 경극(京劇)과 같은 중국 전통 악극을 가리키기도 한다. 오랜 역사 속에서 南音唱과 梨園戲가 서로 융합된 형태의 공연이 전승되어 왔다.

주곡『八駿馬』로 4위에 오름으로써 南音을 세계무대에 널리 알렸다. 이에 싱가포르 정부는 그의 업적을 인정하여 'Cultural Medallion'을 수여하였다. 이후 2010년에는 1위에 오르게 되면서 南音을 명실상부한 국제적인 음악의 반열에 올려놓게 되었다.

한편 湘靈은 1990년대 이래로 성공적인 혁신을 통한 문화적 재생산을 위하여 영어로 교육받은 젊은 세대를 대거 영입하였고 이들의 전문성 강화를 위하여 중국 본토 파견을 실시하는 등 많은 노력을 기울이고 있다. 또한 湘靈은 南音의 대중화에도 크게 기여하여 현재는 이 공연을 향유하는 인구가 모든 방언 및 인종집단, 젊은 전문직업인, 그리고 국외거주자와 관광객들로까지 확대되고 있다.

(2) 도용음악사(陶融儒樂社)

조주(潮州) 외강(外江) 지역 출신 화교들의 음악단체인 陶融儒樂社(약칭 '陶融')는 1931년 8월 Carpenter Street(嘉賓達街)의 상가주택 3층에서 國樂과 漢劇의 연구와 활성화를 도모하고자 하는 18명의 애호가들에 의해 창립되었다.

이들은 여러 가지 어려움 속에서도 공연을 지속하여 영국 아마추어 연극협회의 초청으로 'Victoria Memorial Hall'에서 공연하였으며, 이후 약 4년간의 짧은 기간 동안 총 44회에 걸쳐 공연하였고 앨범을 만들었는데 이 앨범은 'Gramophone Company'에서 발매되었다. 이들은 또한 공연을 통해 자선기금 모금활동을 전개하기도 하였다.

1946년 1월 1일, 전후 생존한 멤버들이 Carpenter Street에 다시 모여 컴백을 준비하기 위한 이틀간의 무료 공연을 진행하였다. 1947년, 怒吻基로 이사하였고, 이 새로운 공간에는 회의실, 게스트 홀, 침실, 일반 사무실, 창고 등이 갖추어졌으며 많은 회원들이 다시 모였다. 陶融은 조주 음악과 전통극을 좋아하는 이들이 배우고, 연습하고, 무대에서 공연할 수 있는 장소를 지속적으로 제공하면서 1950년대 이후 후원자 수가 크게 증가하여 1974년에는 다시 River Valley에 새로운 협회장소를 마련하였다. 그러나 소음 문제로 공연 준비에 차질이 빚어지면서 다시 한 번 North Canal Road의 상가주택 5층으로 이주하여 19년 동안 사용하다가 마지막으로 1996년에 차이나타운에서 나와 Geylang Lorong 지역으로 이주하였다.

(3) 중화체육클럽(中華體育俱樂部)

2001년에 창설된 中華體育俱樂部에서는 각종 스포츠 활동과 무술, 그리고 사자춤 등 프로그램을 운영하고 있다. 비록 공식적인 창립은 2001년이지만 이 단체의 역사는 1916년 幹德源이 Club Street에 개설한 무술학교로 거슬러 올라간다. 이 무술학교는 1966년 幹德源의 아들인 幹湖昌에 의해 중화국술건신원(中華國術建身院)으로 개편되었으며 1988년에는 명칭이 다시 중화무술체육회(中華武術體育會)로 변경되었다. 이 단체들은 현재의 中華體育俱樂部의 전신들로 幹振興이 그 전통을 이어 무술 五祖拳과 사자춤 등 민족무술 또는 민족문화를 통한 신체단련을 목적으로 하는 中華體育俱樂部를 창설하였다.

이곳에서는 무술전문가를 양성하고 이를 새로운 세대에게 전수하는 일과 화교 학생들에게 무술공연을 지도하는 일을 주로 하고 있다.

中華體育俱樂部는 사자춤(舞獅) 중에서도 청대 초기에 기원을 두고 있다고 알려진 '青獅'를 주로 전수, 공연하는 매우 드문 조직 중 하나이다. 이 또한 화교 학생들을 지도하여 공연에 참여시키고 있다.

中華體育俱樂部는 幹德源이 최초로 문을 열었던 곳에서 매우 가까운 싱가포르 차이나타운 내에 위치해 있다. 幹德源이 처음 무술학교를 설립했을 당시 그는 지역 공동체와 밀접하게 관련을 맺고자 노력하였고, 이러한 그의 노력은 그의 자손들에 의해 오랜 시간을 거쳐 계승되었다. 이 과정에서 무술은 교차문화적 상호작용을 만들어내고 무술에 대한 열정을 가진 여러 글로벌 공동체와 소통하면서 다른 국가들에까지 전파되었다.

(4) 싱가포르 씨족 협회

1819년 영국의 무역 거점으로서의 싱가포르 개항은 싱가포르로 이주한 많은 화교들에게 상업적 기회를 창출했다. 이주민들 대부분은 복건, 광주(廣州), 해남 출신의 민남인, 조주인, 광부인 또는 객가인들이었다. 이들 이주민들은 몇 년 동안 싱가포르에서 일하고 다시 중국으로 돌아가기 위해 될 수 있는 한 많은 돈을 모으고 싶어 했다.

싱가포르는 그들의 고향과는 매우 달랐다. 중국계 이주민이 만난 적이 없거나 개인적인 접촉을 한 번도 한 적이 없었을 다른 인종 집단(말레이, 인도인, 아랍인들과 백인)이 싱가포르에 있었다. 심지어는 중국인들 사이에서도

그림 3.34 福建會館

그림 3.35 呂氏公會

그림 3.36 顏氏公會

서로 다른 방언을 사용하는 사람들 간에는 의사소통을 할 수 없었다.

상호 지원, 보호 및 집단적인 문화 수요의 필요성은 결국 'xx會館'으로 알려져 있는 씨족협회를 탄생시켰다. 싱가포르 최초의 씨족협회는 1819년 스탬포트 래플즈와 함께 도착했던 요리사 曹亞志에 의해 창설된 曹씨 씨족협회로 알려져 있다. 1900년대에서 1940년대까지 50여 개의 중국 클럽과 협회가 있었고, 회원 수가 200여 명이 넘었다. 대부분의 씨족협회는 요즘도 차이나타운을 비롯한 싱가포르 곳곳에서 찾아볼 수 있다.

주요 축제들과 행사들은 연중 내내 열리는데 여기에는 음력 새해(新年), 청명(清明), 단오절(端午節), 목란절(木蘭節), 중추절(中秋節) 등과 같은 축제가 포함되어 있다. 각 협회에서는 후원자나 조상신을 기리는 종교 축제를 개최하기도 한다.

각 씨족협회는 전통적인 축제 외에도 구성원들의 다양한 요구를 반영하였으며, 그들의 역할은 회원들의 변화하는 사회적, 정치적, 문화적 필요성과 일치하였다.

씨족협회가 처음 설립되었던 초창기에, 그들은 특히, 몸이 불편하거나 사망한 이주민들의 복지에 대해 세심하게 관심을 기울였다. 씨족협회는 사망한 화교들을 싱가포르에 묻는 것을 돕거나 유해를 고향으로 돌려보내 주었다.

화교들이 싱가포르에 정착하고 가족단위를 형성하면서, 씨족협회는 이주민들의 결혼을 법적으로 합법화하는 기능을 담당하기도 하였다. 싱가포르에서 결혼하고 중국으로 돌아가길 원하는 이주민들을 위해, 남편가계에 여성을 공식적으로 받아들인다는 것을 허용한다는 의미에서 씨족협회를 통한 이 같은 결혼의 합법화가 매우 중요했다. 또 결혼을 통해 아이들을 출산함에 따라 씨족협회에서는 이들을 위한 학교를 설립하였다. 중국인들은 교육이 사회적 이동성의 기회를 만들어내고 문화적 재생산 메커니즘 역할을 수행한다고 믿으므로 학교의 설립에 대한 관심이 매우 높은 편이다. 일부 씨족협회의 경우, 과거(科擧)시험에서 장원을 차지한 조상들의 이름을 판자 위에 새겨서 학교 안의 눈에 잘 띄는 곳에 걸어 놓기도 하였다.

아울러, 씨족협회는 구성원들의 선산과 접촉을 유지하는 통로 역할을 했다. 화교들은 재해나 분쟁이 발생할 때면 중국으로 기금을 보냈다. 제2차 청일전쟁 기간동안, 싱가포르의 씨족협회는 남양화교주진조국난민총회(南洋華僑籌賑祖國難民總會)의 모금활동에 적극적으로 참여했으며 중국을 지지하기 위한 각종 활동에 전폭적으로 협력하였다. 전후에는 각 씨족협회의 구성원들이 새로운 국가의 시민으로 등록하는 창구 역할을 하는 등 여러 방면에서 협력하였다. 싱가포르의 교육제도에서 영어는 1차적인 교육언어였으며, Mandarin(중국어 표준어)이 방언보다 더 장려되었다. 이러한 상황은 젊은 세대들과 씨족협회 사이의 관계를 약화시켰으나 씨족협회는 교육, 문화와 자산 프로젝트를 다방면으로 지원함으로써 새로운 사회적 발전에 기여하였다. 이에 더하여 1986년 이들 자립적 씨족연합의 역할을 더욱 활성화시키기 위하여 싱가포르 종향회관연합총회(新加坡宗鄉會館聯合總會; Singapore Federation of Chinese)가 결성되었다.

최근 몇 년 동안, 영어로 교육받은 전문직 직업인들이 다시 문화유산을 탐구하거나 되찾기 위한 노력을 기울이기 시작하였다. 이들 대부분은 방언뿐만 아니라 표준어를 읽거나 쓰지 못한다. 이러한 재발견을 통해, 씨족협회는 중요한 연구센터와 각각의 방언집단의 문화적 다양성을 보존하는 공간이 되었다.

한편 각 씨족협회는 다양한 전통축제와 문화행사를 개최하여 부모들의 문화를 자녀들이 경험하게 함으로써 문화유산에 대해 새롭게 인식할 수 있는 기회를 제공하고 있다. 씨족협회의 변화하는 사회적 기능들은 싱가포르가 영국 식민지에서 독립적인 국가로, 개발도상국에서 선진국으로 진화함에 따라 새로 나타나는 필요성과 문제들을 반영한다.

(5) 이화헌(怡和軒)

식민지 시대의 싱가포르는 사업가들에게 다양한 경제적 기회를 제공했다. 이에 따라 화교들 대다수가 성공적인 사업을 구축할 수 있었으며 매우 부유해졌다. 이 집단의 경제적 자본이 쌓여가고 이들이 하나의 분명한 집단으로 등장하면서 새로운 필요성에 기여하기 위하여 관련 조직들이 결성되었다. 그중 하나가 1895년에 창설된 이화헌(怡和軒)이었다.

이 조직의 회원 자격은 여러 방언 집단 출신의 화교들에게 개방되었으며 이러한 정책은 당시 화교 공동체들의 사회적 분열에 기반을 둔 방언 또는 씨족의 한계를 뛰어 넘을 수 있는 기반이 되었다.

중국이 다양한 정치적 위기와 내부 혼란을 겪으면서, 화교들은 중국

그림 3.37 이화헌(怡和軒) 전경

의 문제들을 해결하기 위해 여러 가지 사상들을 탐구했다. 이화헌(怡和軒)의 구성원들 중 일부는 정치적 변화에 찬성했으며 만주정부(滿淸皇朝)를 타도하기 위한 孫中山의 계획을 적극적으로 지지했다. 청나라는 1911년에 붕괴되었지만 중국의 문제들은 여전히 미해결 상태로 남아 있었다.

1925년, 이화헌(怡和軒)은 싱가포르 차이나타운의 Duxton Hill에 있던 원래의 위치에서 Bukit Pasoh로 자리를 옮겼고 陳嘉庚이 의장에 선임되었다. 이 같은 陳嘉庚의 의장 취임은 1937년에 일본과 중국 사이에 발발하였던 제2차 청일전쟁 시기와 일치하였다.

1938년 170여 명의 화교 대표들이 일본의 급진파에 대항하여 중국을 지지하기 위한 지역 구조 작업을 조정하는 지방 단체를 설립하기 위한 모임을 갖고 남양화교주진조국난민총회(南洋華僑籌賑祖國難民總會)를 창설한 후 陳嘉庚을 의장으로 선출했다. 이 중국구호기금은 싱가포르 지역 본부를 이화헌(怡和軒)에 두었다.

陳嘉庚은 중국구호기금의 의장으로서 버마 루트의 일원으로 중국을 향해 떠나는 남양 화교자원봉사자들(南僑技工)을 위한 고별 의식을 바로 이 이화헌(怡和軒)에서 주최하였다. 또한 陳嘉庚을 비롯한 중국구호기금 지도자들은 이곳에서 자원봉사자들을 격려하고 사기를 진작시키기 위한 각종 연설회를 개최하기도 하였다.

중국구호기금은 1942년 2월 15일 영국이 항복하기 직전에 해체되었고 1942년부터 1945년까지 일본 점령 기간 동안 이화헌(怡和軒)은 일본 해군 장교들만을 위한 클럽으로 사용되었다.

1945년 일본이 항복한 이후, 이화헌(怡和軒)은 다시 본연의 사회적 기능을 수행하였다. 전후 싱가포르의 사회적 요구에 부응하여 사회 및 자선활동을 전개하는 한편 정치적으로는 시민권을 옹호하기 위하여 투표자 등록을 돕는 등의 활동을 전개하였다. 이후 1995년 10월 18일 이 클럽은 국가기념물로 지정되었다. 2006년 7월부터 이화헌(怡和軒) 복구 프로젝트가 시작되어 2008년 싱가포르의 화교 선구자들을 기념하는 전당인 先賢館 설립에 착수하였다.

(6) 남양화교주진조국난민총회(南洋華僑籌賑祖國難民總會)

1937년 7월 7일에 청일전쟁이 일어나자 이 소식은 전 세계적으로 매우 빠르게 확산되었다. 동남아 화교들은 전쟁의 전개 상황을 매우 긴밀하게 접하게 되었고 이들은 곧바로 중국을 지원할 방법들을 다방면으로 물색하기 시작하였다.

가장 먼저 싱가포르에서는 각 화교 공동체의 지도자들이 중국을 지원할 방법을 찾기 위한 僑民大會를 소집하였다. 이 大會는 청일전쟁에서 중립적 태도를 유지하고자 했던 영국 식민정부의 삼엄한 감시 아래 1937년 8월 15일에 개최되었다.

그림 3.38 陳嘉庚

출처: North American Jimei Alumni Association (http://jimeialumni.org)

이 회담에서 각 화교 공동체의 대표들은 '말레이시아싱가포르화교주진조국상병난민대회위원회(馬來亞新加坡華僑籌賑祖國傷兵難民大會委員會)'를 창립하고 陳嘉庚[16]을 의장으로 선출하였다.

남양(동남아시아) 화교 지도자들이 모인 이 조직의 확대를 통해 모금 활동을 보다 광범위하게 전개하기 위하여 동남아시아 기타 지역 대표들의 참여를 더욱 확대시킬 수 있는 방안에 대한 논의가 진행되었고, 이에 따라 필리핀 화교 지도자 李清泉과 네덜란드 동인도 즉 오늘날의 인도네시아 화교지도자 莊西言 등이 포함되었다. 그 결과 동남아 화교 지도자들은 1938년 10월 10일 남양화교중학(南洋華僑中學)에서 화교 지도자 대회를 개최하였다. 이날 회의에는 필리핀, 베트남, 태국, 인도네시아, 홍콩, 말레이시아, 미얀마, 싱가포르 등 지역 대표 180여 명이 참석하였다. 이들 중 태국 대표는 태국 정부가 자신들의 영토에서 중국을 지원하기 위한 활동이 진행되는 것을 금했기 때문에 비밀리에 참석하였다. 이 회의에서 이들 대표들은 남양 화교 역사상 최초의 중국인 지역조직을 창설했는데 그 조직이 바로 '南洋華僑籌賑祖國難民總會'(약칭 '南僑總會')이다.

---

16 기업가, 교육자, 사회활동가이자 저명 화교 지도자. 福建 同安縣 集美(현 厦門市 集美區) 출신으로 厦門大學, 集美中學, 翔安一中, 集美學村(훗날의 集美大學), 翔安同民醫院 등 학교를 설립하였다. 신해혁명, 항일투쟁, 민족교육, 중화인민공화국 건국 등에 지대한 공헌을 했다.

南僑總會가 모금한 기금은 광범위한 지역 네트워크를 통해 국민당 정부에 전달되어 주로 의료 용품, 전쟁 물자 및 무기를 구매하는 데 소요되는 비용과 버마루트(滇緬公路) 중 가장 유명한 중국의 육로에서 일할 운전사와 기계공을 모집하는 데 사용되었다.

南僑總會의 사무소들은 각 지역 자원자들을 모집하는 광고를 내고 자원자들을 채용한 다음 이들에 대한 사전 훈련을 실시하였다. 이 결과 1939년 2월부터 9월까지 약 3,200명의 자원봉사자들이 중국으로 파견되었다. 이들 대부분은 버마 루트에서 일했는데 이들 자원봉사자들을 남교기공(南僑機工)이라고 불렀다. 이 같은 南僑總會의 활동은 남양이 일본에 점령될 때까지 계속되었다.

南僑總會의 창설은 동남아시아 화교 역사에 있어 매우 큰 의미를 갖는 이정표였다. 이 단체는 최초의 동남아시아 화교 연합조직으로 서로 다른 지역에 흩어져 살고 있던 각 화교 공동체들이 중국에 자금과 인력을 지원하고 대중들을 교육시키는 과정에서 하나의 정치세력으로 단결하게 되는 계기가 되었다. 동시에 각 지역 내의 서로 다른 방언집단과 씨족협회가 동일한 목적으로 함께 일하면서 지역 및 방언의 차이를 초월하여 서로 소통하는 장이 되었다.

(7) 남교기공(南僑機工)

1937년 7월 7일 청일전쟁이 발발했을 때, 중국 정부의 병참학적 관심은 전쟁 물자를 중국으로 수입하는 공급 루트의 확보였다. 이를 위해 중국 국민당은 영국령 버마의 양곤(Yangon) 항구와 연결하는 버마 루트를 신설하고자 하였다. 이 같은 버마루트는 외부 세계와 중국을 연결하는 통로의 역할을 하는 것이었다. 또한 능력 있는 운전병과 기계공이 부족하다는 것을 깨닫고 陳嘉庚이 이끌고 있던 南僑總會에 운전병와 기계공을 모집해줄 것을 요청하였다.

이때 모집된 운전병과 기계공들이 바로 南僑機工이며, 1939년 남교기공으로 자원한 약 80여 명의 동남아 화교들이 싱가포르에서 중국으로 파견되었다. 이후 1939년 2월에서 9월까지 총 약 3,200명의 南僑機工들이 각 15명 단위로 파견되었고, 이들 대부분은 버마루트에서 일했다. 한편 당시 南僑機工으로 자원한 사람들의 대부분은 중국인 남성들이었지만 말레이인과 인도인 그리고 4명의 중국여성들이 포함되어 있었다. 이들 중 일부 운전이 미숙한 자원자들은 雙林寺에 세워진 운전학원에서 훈련을 거친 후 파견되기도 하였다. 당시 파견된 南僑機工들 중 절반 가까이가 근무 중에 사망했는데, 대부분이 버마 루트에서의 사고나 말라리아, 그리고 일본의 공습에 의해 사망했으며 일부는 버마 몰락 이후 일본군에 의해 처형당하는 경우도 있었다.

일본군의 버마 점령으로 버마 루트가 끊기면서 南僑機工의 활동도 사실상 중단되었으며 당시까지 아직 생존하고 있던 사람들 대부분이 가난과 현지 중국인들의 차별로 인해 힘겨운 여생을 보냈다. 또한 南僑機工의 모집과 활동을 지원했던 사람들 대부분은 싱가포르와 말레이시아가 일본군에 의해 점령당한 후 처형되었는데, 주목할 만한 한 사례는 南僑機工에게 운전훈련 장소를 제공했던 雙林寺 주지 普亮이었다.

제2차 세계대전 이후, 생존자의 절반 가까이는 매우 힘든 과정을 거쳐 동남아시아로 귀환했고 중국에 정착하였던 사람들은 대부분 문화혁명 중에 박해를 받았다. 이처럼 박해를 받았던 사람들 중 여성 운전자였던 李月美와 같은 일부 南僑機工 출신 화교들은 정치적 저항의 행위를 보여주기 위해 자살을 택하는 경우도 있었다.

1946년 7월 제2차 세계대전 종전 1년 후 페낭에서 南僑機工들의 공적을 기리는 기념탑을 세웠으며 이듬 해, 쿠알라룸푸르에서도 이들을 기념하는 기념물이 조성되었다.

이로부터 약 40여년이 지난 후 중국 운남성(雲南省) 곤명(昆明)에 南僑機

그림 3.39 페낭의 南洋華僑機工抗日紀念碑

工들을 위한 기념물이 봉헌되었으며 중국정부는 이들을 전쟁영웅으로 추서하고 생존해 있는 구성원들에게 연금과 의료혜택을 제공하기로 결정하였다. 또한 오늘날에는 청일전쟁 발발일인 매년 7월 7일을 기해 南僑機工의 희생정신을 기리는 기념식이 열리고 있다.

(8) 中華總商會

1906년 설립된 싱가포르 중화총상회(中華總商會)는 매우 오랜 역사를 가지고 있는 싱가포르의 대표적인 상업인 단체이다. 이 총회는 현지 화교

상사의 최고 기구로 국제 무역 분야에서도 신망 받고 있다. 이 기구는 국제 화상대회(華商大會)를 개최하고 있을 뿐만 아니라 세계 각지 화교 기업들을 연결하는 국제적인 네트워크인 '世界華商網絡(www.wcbn.com.sg)'을 가지고 있다. 나아가 싱가포르 화교 상인들의 권익 보호와 국제무역, 교육, 문화 및 지역 발전 등 여러 방면에서 매우 적극적이고 중추적인 역할을 하고 있다.

싱가포르 중화총상회는 현재 총 150여 개 사업단체와 약 4000여 명의 상호(商號) 회원을 보유하고 있는데, 여기에는 여러 업종의 다국적기업과 정치단체, 대형 금융 및 상업 조직과 중소기업 등이 망라되어 있다. 총상회는 이들에게 다양한 정보 및 자원 교류의 기회를 제공함으로써 매우 영향력 있는 세계 화상 네트워크를 구축함과 동시에 이를 통해 무역, 교육, 문화 등 사회 각 분야의 발전에 크게 기여하고 있다. 총상회 회원들은 강력한 소속감과 연대감으로 회원 상호 간에 시설, 서비스 등 제 방면에서 폭넓은 편의를 제공하고 있다.

그림 3.40 싱가포르 중화총상회 입구

그림 3.41 중국적인 색채가 매우 강한 중화총상회 외부 모습

그림 3.42 중화총상회 현관. '세계와 경쟁하라'는 의미의 사자성어(放眼四海)가 새겨진 편액이 걸려 있다.

그림 3.43 중화총상회 내부 게시판

제4장
말레이시아 화교의 집단적 기억과 재영토화

1. 말레이시아 화교 디아스포라 개관

말레이시아 화교는 대부분 15세기 명·청 시기부터 20세기 민국(民國) 시기(1912~1949)까지 수백 년 동안 중국 복건, 광동, 광서(廣西), 해남 등 지역에서 말레이시아로 이주했던 사람들의 후손이다. 이밖에 장기간에 걸쳐 말레이 및 기타 문화의 영향으로 형성된 페라나칸을 포함한다. 이들은 말레이시아에서 말레이인 다음으로 큰 종족 집단으로 그 인구는 2010년 현재 말레이시아 전체 인구의 약 24.6%에 해당하는 약 696만여 명에 이르며, 주로 수도인 쿠알라룸푸르(Kuala Lumpur)를 비롯하여 말라카(Malacca), 페낭(Penang), 조호르(Johor), 사라와크(Sarawak), 사바(Sabah) 등 주요 도시에 분포하고 있다.

이 중 페낭 화교는 2010년 현재 약 67만 명으로 페낭 인구의 약 45.6%를 차지할 정도로 큰 비중을 차지하고 있다. 말레이시아 정부 기록에 의하면 1957년 당시 화교 인구는 전체 말레이시아 인구의 45%를 차지했으나 경제적 원인을 비롯한 각종 환경의 영향에 의해 점차 감소하였으며 2020년에는 전체 인구의 약 20% 수준까지 감소할 것으로 예상된다.

표 4.1 2010 인구 통계 결과에 나타난 화교 인구 수 및 비율

지역	인구 수	인구 비율(전체 지역 인구 중 비율)
Johor	1,034,713	33.6%
Kedah	255,628	13.6%
Kelantan	51,614	3.4%
Malacca	207,401	26.4%
Negeri Sembilan	223,271	23.2%
Pahang	230,798	16.2%
Perak	693,397	30.4%
Perlis	17,985	8.0%
Penang	670,400	45.6%
Sabah	295,674	12.8%
Sarawak	577,645	24.5%
Selangor	1,441,774	28.6%
Terengganu	26,429	2.6%
Labuan	10,014	13.4%
Putrajaya	479	0.7%
Kuala Lumpur	655,413	43.2%

출처: Department of Statistics, Malaysia (2010). "Population Distribution and Basic Demographic Characteristics". Department of Statistics, Malaysia. pp. 11, 62-81.

표 4.2 말레이시아 화교 인구의 연대별 변화 추이(%)

1947년	1957년	1961년	1970년	1980년	1991년	2000년	2010년[1]
(38.4%)	(45.0%)	(36%)	3,564,400 (37%)	(33.9%)	4,623,900 (28.1%)	5,691,900 (26.1%)	6,960,900 (24.6%)

출처: Population Distribution and Basic Demographic Characteristic Report 2010.

1 Population Distribution and Basic Demographic Characteristic Report 2010 (Updated: 2011-08-05-Corrigendum). 검색: 2013-12.

1) 말레이시아 화교의 이주 역사

말레이시아 화교의 이주 역사는 멀리 한대(漢代)까지 거슬러 올라가며,[2] 당·송(唐·宋) 시기에는 말레이군도와의 빈번한 무역활동과 문화교류가 이루어졌고,[3] 元代에 이미 현지에 정착한 중국인이 있었다는 기록이 남아 있다.[4]

明代에 이르러 정화(鄭和)의 서방 원정 시 일찍이 여러 차례 말라카에 머물렀으며, 이후 말라카, 팔렘방(Palembang), 수라바야(Surabaya) 등에 함대 본영을 설치한 적이 있어 아직까지도 말라카에는 정화와 관련된 많은 유적이 남아 있다. 당시 일부 중국인들은 현지 여성과 통혼하여 말라카에 정착하였고, 그 이래로 말라카의 주요 구성원으로서의 중국인의 본격적인 말라카 정주가 시작되었다. 이들은 명조의 쇠락과 청조의 봉쇄정책, 본토와의 단절로 인해 기존의 중화문화와 현지 문화가 융합된 새로운 문화적 정체성을 담보한 페라카나라는 독특한 집단을 형성하게 되었으며 이들의 언어 또한 원래의 복건방언에 각 지역 방언 및 말레이어가 혼합된 '페라나칸 복건화(Peranakan Hokkien)'로 변형되었다.

화교의 말레이시아 이주는 청조의 제2차 아편전쟁 패전 이후 『북경조약』 체결로 청 왕조가 외국 상인들의 쿨리 모집 및 출국을 허용하게 되면서 본격화되었다. 이 시기 대영제국은 마침 말레이반도의 개발을 위한 대량의 노동력을 필요로 하였고, 이에 따라 중국으로부터 대규모의 저가 노동자를 말레이반도로 수입하여 광부, 농장노동자 등으로 동원하였다. 더불어 증기선의 개발 및 운항이 이루어지면서 화교의 이주가 더욱 급증하여 초기 이민자였던 페라나칸의 수를 크게 넘어서게 되었는데, 이들을

2 許雲樵, 『南洋史』上卷, 第二篇, 古代史 96, 世界書局, 1961年.

3 위의 책, p. 165.

4 朱傑勤著, 『東南亞華僑史』, 中華書局: 第1版, 2008年 5月, p. 15.

'신객(新客)'이라 불렀다. 그러나 당시의 신객들은 말레이반도에 정착하기보다는 여전히 돈을 벌어 고향으로 돌아가겠다는 희망을 버리지 않았다.

1929년 대공황의 영향으로 화교 여성의 대규모 이주가 이루어지면서 말레이 화교의 남녀 성비가 비슷해졌으며, 제2차 세계대전 종전 후 도래한 냉전의 영향으로 중국인의 말레이시아 이민이 사실상 중단되는 한편, 화교들이 말레이 독립과 말레이시아 건국 운동에 참여함으로써 말레이시아인으로서의 정체성이 형성되면서 본격적인 현지 정착이 시작되었다.

2) 주요 방언집단

말레이시아 화교는 대개 각각의 출신 지역, 언어, 문화, 혹은 조상에 따라 다양한 방언집단으로 나뉘는데, 기본적으로 민계, 객가, 광동, 오(吳) 등 네 가지 주요 방언집단들이 있다.

(1) 민계(閩系) 화교

이른바 민계 방언집단은 그 조상들이 주로 복건 출신이며 민(閩)방언의 하위 방언 중 하나를 사용한다. 이들은 말레이시아 화교 중 가장 큰 방언집단을 형성한다.

① 복건인(福建人)

복건인(福建人)은 대부분 복건 남부 천주(泉州), 하문(廈門), 장주(漳州) 출신으로 18세기 이전부터 이주를 시작하였다. 19세기에 들어와 말레이시아 고무 농장의 노동 인력 수요가 증가하면서 이주가 본격화되어 페낭, 말라카, 케란탄(Kelantan), 트렝가누(Terengganu), 케다(Kedah), 페를리스(Perlis) 등에 정착하면서 말레이시아 최대의 화교 방언집단을 이루었다. 이후 장주(漳州) 출신 화교들은 말레이반도 북부 지역으로 이동하고 천주(泉州) 출신은 주로 남부로 이동하여 집거지를 형성하였다.

② 조주인(潮州人)

조산(潮汕) 지구의 조주인(潮州人)들은 18세기경부터 웰즐리(Wellesley)와 케다(Kedah) 지역에 이주, 정착하기 시작하였으며 대부분이 후추 농장에서 일했다. 19세기에 들어와 대량의 조주(潮州) 출신 노동자들이 조호르의 농장으로 이주하면서 많은 수의 새로운 조산지구 화교 마을들이 생겨났다. 이 밖에도 많은 조주 화교들이 말라카, 셀랑고르 등으로 이주하여 쌀농사에 종사하였으며 이들 지역 인구의 상당수를 차지하였다.

③ 해남인(海南人)

해남인(海南人)들은 앞의 두 민계 화교에 비해 늦은 시기인 19세기부터 말레이시아와 북부 보르네오로 이주를 시작했던 까닭에 그 인구가 적은 편이다. 이들은 페낭과 조호르바루 등지에서 주로 요리사로 일하거나 음식업, 어업 등에 종사하면서 비교적 규모가 큰 공동체를 형성했으며, 테렝가누(Terengganu), 셀랑거(Selangor), 케마만(Kemaman) 등 지역에서 가장 큰 방언집단으로 자리 잡았다. 이밖에 사라와크, 사바 등지의 대형 마을이나 도시에서 커피숍 등을 경영하면서 소규모 공동체를 이루고 있다.

④ 보선인(莆仙人)

보선인(莆仙人, 또는 興化人)은 다른 민계 화교에 비해 소수로 주로 자전거, 오토바이, 자동차 부품업에 종사하였다.

⑤ 민동인(閩東人)

주로 福州와 福清 출신인 민동인(閩東人)들은 19세기에 이주가 시작되어 20세기 말레이시아 산업 발전에 기여하였다. 이들의 출신지는 복건의 일부이지만 사용 방언의 차이로 인해 일반적인 복건인들과는 따로 분류된다. 민동 화교는 사라와크 라장 강(Rajang River) 인근의 시부(Sibu), 사리케이(Sarikei), 빈탄거(Bintangor) 등지에서 가장 큰 방언집단을 형성하였으며, 일부는 말레이시아 반도 특히 시티아완(Sitiawan)과 조호르의 용펑(YongPeng) 등에 정착하였다.

(2) 객가(客家) 화교

객가(客家) 화교는 주로 광동, 복건 출신으로 말레이시아에서 민계 화교 다음으로 큰 방언 집단이다. 객가인 대다수가 말레이반도 서부와 북부 보르네오에 정착해 있으며 19세기에 황금, 주석 등 고가의 금속들이 발견되면서 주로 광산 노동자로 유입되었다. 그 자손들은 셀랑고르 최대의 화교공동체를 형성하였고, 페락(Perak)의 타이핑(Taiping)과 이포(Ipoh), 사라와크, 사바 및 네그리셈빌란(Negeri Sembilan) 등지에도 대규모의 공동체를 이루었다. 20세기 들어 황금과 주석광산업이 쇠퇴하면서 많은 자본가들이 고무산업에 눈을 돌리게 되자 대부분의 객가인들은 케다와 조호르로 이동하여 고무산업 노동 인력으로 충당되었다. 한편 중국인들 대부분이 객가인인 사바에서는 초기 화교들 대부분이 농업에 종사하거나 담배, 고무, 코코넛 재배를 위해 밀림을 개척하여 길을 만드는 일에 종사함으로써 말레이시아 국가 산업과 경제 발전에 크게 기여하였다.

(3) 광동(廣東) 화교

광동 방언을 사용하는 광동 화교들은 주로 광동, 광서 출신으로 민계, 객가 화교 다음으로 세 번째 규모의 방언 집단을 형성하고 있다. 이들은 크게 다음 세 부류의 하위집단으로 나뉜다.

① 광부인(廣府人)

광부인(廣府人)은 주로 광주(廣州)일대 출신으로 네그리셈빌란(Negeri Sembilan)과 사바의 산다칸(Sandakan)을 중심으로 쿠알라룸푸르와 페락, 파항 킨타계곡(Kinta Valley)의 이포(Ipoh) 등에 정착하였다. 이들은 주로 주석광산 등 초기의 식민지 개척에 필요한 노동력으로 동원되었으며 이 과정에서 여러 곳의 화교 집거지가 형성되었다. 19세기 후반, 주석 광산이 쇠퇴하자 광부 화교들은 타 화교 집단과 마찬가지로 변화되는 산업 구조에 적응하면서 각종 생산 현장에서 말레이시아의 사회 및 경제 발전에 기여하였다.

② 사읍인(四邑人)

사읍인(四邑人)은 광부(廣府) 일대 사읍 출신으로 사읍 방언을 사용한다. 사읍은 일반적으로 태산(台山), 개평(開平), 은평(恩平), 신회(新會) 등 네 지역을 일컬으며, 때로 학산(鶴山)을 포함하기도 한다.

③ 광서인(廣西人)

광서(廣西) 출신 화교 인구는 광동 출신보다 적은 규모이지만, 벤통(Bentong), 멘타캅(Mentakab), 라우브(Raub), 파항 등 지역에 집중적으로 거주하고 있다.

(4) 오(吳)계 화교

이들은 절강(浙江), 강소(江蘇), 상해(上海) 등 오(吳)방언 지역 출신으로 초기 말레이시아 화교 중 가장 늦은 시기에 이주한 사람들이며 앞의 세 집단에 이어 네 번째 규모의 인구 집단이다. 오(吳)방언 지역 출신 화교들은 대부분 중국어 교육, 재봉, 건축 등 업종에 종사하였다.

3) 말레이시아 화교의 교육, 종교 및 언어

(1) 교 육

말레이시아 화교는 크게 세 가지 유형의 교육 즉 영어 교육, 중국어 교육, 말레이시아어 교육을 받고 있다. 연령이 상대적으로 많은 세대는 대부분 영어 교육을 받았고, 중국어 간체자를 읽을 수 있는 화교들은 화교학교에 진학하여 중국어 교육을 받는다. 말레이시아 정규교육 제도 하의 학교에 진학하는 나머지 대략 10%의 화교들은 말레이어 교육을 받고 있으며 이들은 중국어에 능숙하지 않다. 그러나 오늘날 세계적으로 중국어의 중요성과 수요가 높아지고 그 사용 인구가 증가하면서 말레이어나 영어 교육을 받은 화교들도 대부분 만다린(Mandarin, 중국어 표준어) 교육을 받고 있다.

말레이시아어로 이루어지는 공공교육은 원칙적으로 무상교육이다. 초등 교육은 말레이어 국립학교와 비말레이 국립학교의 두 가지 유형이 있는데, 국립학교는 다시 중국 및 타밀(Tamil) 학교로 하위 분류된다. 중등교육 과정은 중국어 초등학교를 졸업한 학생들 중 90% 가까운 학생들이 말레이시아 또는 중국의 독립고등학교에 진학하고 나머지는 국립중등학교에 진학한다.

모든 학교에서, Bahasa 말레이시아어(국어)와 영어는 필수과목이며, 화교학교에서는 초등학교 학생들 전체에게 만다린은 필수과목으로 지정되어 있다. 하지만 말레이 국립학교에 다니는 학생들은 대부분 중국어 구사가 서툴다.

대학교육의 경우, 정규 공립대학교 교육과정 대부분이 국어 즉 말레이어로 수업이 이루어지는 반면 대학원은 주로 영어로 수업이 이루어진다. 영어는 대부분의 사립학교에서 일차적인 교육언어로 사용된다.

오늘날 말레이시아에서는 중국어를 공식 교육언어로 사용하는 초등학교에 대략 90%가 진학하는 반면, 약 10% 정도가 말레이어 초등학교에 진학한다. 이들 대다수의 화교 출신 초등학교 졸업생들은 중학교 진학 시 말레이어 학교를 선택하게 되는데 이들 중 상당수가 언어적인 문제로 인해 중퇴하고 있다. 말레이시아 화교협회에 따르면 매해 약 25%에 해당하는 10만 명 정도의 학생들이 18세 이전에 중퇴하는 것으로 추정되며 이러한 상황은 점차 심화되고 있다.

식민지 시기부터 독립 이후까지 기간 동안 영국 식민정부에 의해 설립된 영어 학교는 다른 학교들에 비해 훨씬 많은 혜택이 주어졌다. 그 결과, 1970년대 이전 학교에 다녔던 화교들 중 상당한 수가 영어로 교육을 받았다. 하지만 1970년대 이후 이들 영어 학교가 말레이어를 공식 교육 언어로 채택하는 말레이 국립학교로 바뀌면서 화교들 대부분은 그 자녀들을 중국어를 사용하는 초등학교로 진학시켰다.

(2) 종 교

말레이시아 화교들의 전반적인 종교 분포를 보면 대부분은 이전 세대의 조상 숭배와 같은 전통 신앙을 그대로 이어가고 있다. 이들 중 비교적 널리 알려진 것들로는 천공(天公), 토지공(土地公), 대백공(大伯公), 관공(關公), 마조(媽祖), 관음보살(觀音菩薩) 신앙 등이 있다. 하지만 이 같은 전통 신앙은 기본적으로 불교와 도교를 바탕으로 하고 있다. 따라서 이들이 신봉하는 종교는 그 경계가 불분명하여 불교, 도교, 유교 및 전통 조상숭배 요소들이 섞여 있는 혼합적인 종교라고 할 수 있다.

이밖에 기독교, 천주교 신도가 약 11%를 차지하는데 이들 중 대다수는 말레이시아 동부 사바와 사라와크에 거주하고 있는 사람들이다. 특히, 사라와크에는 약 240만 명의 전체 인구 중 100만 명 이상이 기독교와 천주교를 포함한 그리스도교도이다. 한편 비록 소수이기는 하지만 무슬림과 혼인한 화교들은 이슬람교도로 분리되는데 그 비중은 전체 화교 인구의 약 0.66%에 해당한다.

(3) 언 어

원적지가 서로 다른 방언 집단들이 혼인 관계나 문화적 정체성에 따라 서로 다른 방언집단으로 구분된다고 하더라도 동일한 지역에 있는 다양한 방언 사이의 의사소통을 가능하게 하는 공통어를 가지고 있다. 더욱이, 젊은 세대들은 거의 방언을 사용하지 않고 각 지역 출신들 사이에 서로 소통이 가능한 공통어를 구사하고자 한다. 중국어 교육을 받은 젊은 세대들은 대부분 중국어에 능통하며, 번체자와 간체자를 모두 쓰고 읽을 수 있으나 최근에는 중국 대륙의 영향으로 점차 간체자를 주로 사용하고 있다. 이밖에 말레이 국어와 영어가 필수 언어여서 대부분의 화교 젊은이들은 여러 종류의 언어 및 방언을 자유롭게 사용한다. 이들은 일상생활에서는 현지화된 이른바 말레이 중국어를 사용하지만 공식석상에서는 대만 중국어와 유사한 만다린을 사용한다. 그러나 2000년 정부 통계에 의하면 말레이시아 화교들은 여전히 각 지역 내에서 방언을 이용하여 소통하며 사용 방언이 그들 사이의 친화력을 구분하는 중요한 기준이 된다. 이 같은 방언은 지역에 따라 다른데, 복건방언(민남방언)은 북부 페낭 지역과 남부 조호르 지역에서 서로 다른 복건방언을 사용하며, 월(粵)방언은 쿠알라룸푸르, 이포(Ipoh) 지역에서, 객가방언은 사라워크, 미리(Miri), 코타키나발루(Kota Kinabalu), 산다칸(Sandakan), 타와우(Tawau) 일대에서 각각 사용한다.

① 복건방언

말레이반도 북부 페낭, 케다, 페를리스, 타이핑 등 지역에 거주하고 있는 화교들은 주로 페낭 지역을 중심으로 형성된 변종 복건방언을 사용한다.

클랑(Klang), 말라카, 조호르 등 말레이시아 화교 집단 역시 말레이시아 남부 지역 특유의 변종 복건방언을 구사하는데 이는 싱가포르의 복건방언과 유사하다. 또한 사라와크 지역의 화교들은 쿠칭(Kuching) 특유의 악센트가 있는 복건방언을 구사한다. 한편 시부와 시티아완(Sitiawan) 지역은 복주방언을 널리 사용하고 있지만 이 방언이 이 지역 공통어로 통용되고 있지는 않다.

② 객가방언

객가방언 중 혜양(惠陽) 방언이라는 변종 방언은 말레이시아 동부 사바 지역의 주요 방언이다. 1991년의 통계에 따르면 약 11만 여 명의 사바 화교들은 스스로를 객가 화교의 후손으로 분류하고 있다.

이포(Ipoh) 지역에서 중국어는 대체로 객가방언을 말하는 것이지만 일반적으로는 광동방언을 공통어로 사용한다. 객가 화교들이 주로 거주하고 있는 지역에서는 분명 객가 방언이 다수에 의해 사용하는 방언이지만 사회적으로는 드물게 사용한다는 것을 의미하며, 이는 말레이시아 전체를 통해 다른 많은 객가 거주 지역에서는 보편적인 현상이다.

③ 광동방언(粵방언)

말레이반도 중부의 쿠알라룸푸르, 페탈링 자야(Petaling Jaya), 수방 자야(Subang Jaya), 셀렘반(Seremban), 이포(Ipoh), 쿠안탄(Kuantan) 등은 대부분 광동방언 사용 지역이며 특히 쿠알라룸푸르에서는 광동방언이 공통어로 사용되고 있다. 이밖에 광동방언은 산다칸과 조호르의 메르싱(Mersing) 지역에서도 주요 방언으로 사용되고 있다.

④ 조주방언

조주방언은 1970년대까지 조호르바루 화교 공동체의 공통어이며, 조호르의 해안가 마을인 무아르(Muar), 바투파핫(Batu Pahat), 스쿠다이(Skudai),

부킷 메르타잠(Bukit Mertajam), 페낭, 숭가리 페타니(Sungai Petani), 케다의 니봉 테발(Nibong Tebal) 등 지역에서 널리 쓰이고 있다. 이밖에 풀라우 케탐(Pulau Ketam) 섬과 셀랑고르의 여러 해안가 마을에서도 사용되고 있다.

⑤ 만다린(Mandarin)

만다린은 말레이시아 중국어학교의 공식 교육용 언어이다. 따라서 중국어학교에 다녔던 말레이시아 화교는 모두 만다린을 구사할 수 있다. 화교들 대부분은 오늘날 중국의 국제적인 영향력이 확대되면서 방언의 필요성이 점차 축소되고 만다린의 중요성이 점점 증가하고 있다는 사실을 인식하고 있으며 이에 따라 일상생활에서도 만다린의 사용이 보편화되기 시작하였다. 이 같은 사회적 분위기에 의해 젊은 세대들은 비록 모집단의 방언을 구사할 수 있지만 공식석상이나 대중 앞에서 만다린을 사용하려고 하는 경향을 보이고 있다.

한편 싱가포르에서 만다린의 사용이 보편화되면서 싱가포르와 근접한 말레이반도 남부의 조호르 지역도 주로 만다린을 사용하는 지역이 되었다.

⑥ 영어/말레이어

다원화된 문화적 환경의 영향으로 다중 언어의 사용은 흔히 볼 수 있는 현상인데, 완전히 영어로만 교육받은 화교들의 상당수는 그들이 유창하게 구사할 수 있는 중국어 방언이 없기 때문에 어설픈 중국어 단어를 섞어 영어로 말하는 경향이 있다. 또한 나이가 많은 일부 페라나칸들은 서툰 복건 방언과 말레이어를 혼용한다. 이러한 현상을 현지에서는 로작(Rojak)[5]이라고 부른다.

5 싱가포르, 말레이시아 음식으로 말레이어로 '섞은 양념'이라는 뜻이다. 칠리와 땅콩, 새우 등을 넣어 버무려 먹는 샐러드이다. 인도네시아에서는 루작(Rujak)이라고 부른다.

이밖에 영어교육의 영향으로 영어를 일상 언어로 사용하는 화교들도 있는데 『馬來西亞內幕者(www.themalaysianinsider.com)』라는 사이트에서 2011년 107명의 화교 성인들을 대상으로 실시한 가두 설문조사 결과에 의하면 조사 대상자 중 28명(26.1%)이 말레이어를 전혀 못하거나 유창하게 구사하지 못하는 것으로 나타났으며, 실제 조사에 응한 75명 중 51명(68%)이 말레이어가 중요한 언어라고 여기고 있었고, 이들 중 25명(33.3%)은 말레이어가 영어에 비해 중요하다고 응답한 반면, 22명(29.3%)은 영어가 더 중요하다, 15명(20%)은 두 언어가 모두 중요하다고 응답하였다.

2. 말레이시아 주요 차이나타운의 형성과 특성

1) 말라카 차이나타운의 형성과 특성

말라카 차이나타운은 말레이시아에서 가장 오래된 차이나타운으로 유네스코의 세계 유산 등록지에 위치해 있는 세계에서 보기 드문 차이나타운 중 하나이다.

말라카 차이나타운은 말라카를 거점으로 한 해상무역에 참여하였던 대략 1,400여 명에 달하는 명대(明代) 복건 출신 이주민들에 의해 형성되었다. 이들은 원래 정화(鄭和)의 원정에 동행하였다가 정착하게 된 사람들로 알려져 있다. 이후 명나라 말기 청(淸)의 만족 조정을 피해 말라카로 피신하는 사람들이 늘어나면서 말라카의 중국인 수가 더욱 증가하였던 것으로 보인다. 다른 차이나타운에서처럼, 이주민들은 자신들의 사회적 권익을 보호하기 위한 기관들을 설립했는데, 이 중 가장 오래되고 가장 잘 알려진 것이 青雲亭(Cheng Hoon Teng)이다. 한편 이들 중국계 이주민들 대부분이 말레이 여성들과 결혼함으로써 말라카는 말레이시아를 비롯한 동남아 지역

그림 4.1 말라카 차이나타운

의 중요한 페라나칸 문화중심지 중 하나가 되었다.

중국에서 청나라가 해체된 이후 상당수의 중국인들이 일과 기회를 찾아 남양으로 떠났는데, 이 중 일부가 당시 영국의 식민지였던 말라카에 도착했다. 오늘날, 이 말라카 차이나타운의 유적과 명소들 대부분은 이 시기로 거슬러 올라간다. 현재 말라카 차이나타운은 세 개의 거리(Jalan Tun Tan Cheng Lock; Jalan Hang Jebat; Jalan Tokong) 인근에 집중되어 있는데 차이나타운 전체가 관광객에게 인기가 매우 많지만 그중에서도 사원, 씨족협회 및 식품점은 전통적인 모습을 거의 그대로 간직하고 있어 많은 사람들이 즐겨 찾는 대표적인 명소들이다. 하지만 말라카 차이나타운에서 가장 중요한 요소는 그곳의 문화와 사람들이라고 할 수 있다. 중국의 축제들은 전통적인 형식과 창의적인 형식이 조화를 이루고 있다. 예를 들어, 용의 해를 맞이하여 용을 공중에 두고 볼 수 있게 하여 관광객들이 멀리서도 용을 보기 위해 모여 들거나 발걸음을 멈추게 함으로써 주요 명소가 되기도 하였다. 한편 중요한 종교 행사 때에는 가족, 씨족협회 및 상가들이 기도하는 사람들을 위해 집 입구나 상점 밖에 제단을 제공한다. 이로 인해 행사기간 동안 거리를 따라 걷는 방문객들은 자연스럽게 이러한 행사들에 참여할 수 있고 더불어 그 분위기를 함께 느낄 수 있다.

2) 페낭 차이나타운의 형성과 특성

페낭에는 대규모의 화교인구가 있으며 이곳의 차이나타운은 중국계 이주민들을 위해 만들어진 중국 거리(China Street)에서 탄생하였다. 그 공동체는 초기 중국 거리에서 성장하여 오늘날까지 확대되었다. 페낭의 차이나타운은 Lebuh King, Lebuh Stewart, Lebuh Muntri와 Lebuh Campbell에 접해있다.

중국 거리 가까이에는 페낭에서 가장 중요한 사원 중 하나인 觀音亭(Kuan Yin Teng)이 있다. 이 사원은 원래 바다의 여신인 마조(媽祖)를 모셨던 곳으로 새로운 이주민들은 이곳에서 항해의 안전과 새로운 고향에서 겪게 되는 어려움에 도움을 구하기 위한 의식을 행하였다. 그러나 이름에서 알 수 있듯이 이후 이곳은 불교보살이자 자비의 여신인 관음을 모시는 곳이 되었다.

이 지역의 다른 중요한 중국 관련 기관들로는 Khoo Kongsi 씨족협회, Cheong Fatt Tze, Hainan Temple, Loo Pun Hong Temple, 손문의 페낭근거지와 청나라의 부영사가 거주한 적이 있는 Leong Fee 맨션 등이 포함되어 있다.

비록 화교들이 다른 여러 섬으로 분산되기는 했지만 이 같은 페낭 차이나타운의 중요한 기관들은 여전히 중국인의 문화적 삶과 집단적 기념의 중요 지점 중 하나로 자리 잡고 있다. 따라서 이곳에서는 연중 내내 전

그림 4.2 페낭 차이나타운

그림 4.3 페낭 차이나타운의 사원 행사 모습

통축제를 포함한 각종 사원 행사와 축하 행사, 그리고 추모제가 거의 끊이지 않고 진행되고 있다.

3) 쿠알라룸푸르 차이나타운의 형성과 특성

말레이시아의 수도인 쿠알라룸푸르의 차이나타운은 Petaling Street에 위치해 있다. 쿠알라룸푸르 차이나타운이라고도 불리며 이 지역의 과거 경제활동, 즉 'Street of Starch Factory'를 의미하는 'Chee Cheong Kai', 또는 그 거리 전체의 풍경에서 유래한 Green Dragon이라는 명칭으로도 알려져 있다.

Petaling Street는 각종 교통수단이 매우 가까이 있으며 거리의 각 끝에는 쿠알라룸푸르 차이나타운의 경계를 나타내는 패루(牌樓)가 있다. 그 거리의 양쪽을 따라 두 개의 층으로 이루어 진 차이나타운 상가 건물들이 들어서 있는데 1층은 CD, DVD, 시계, 핸드백, 스카프, 지갑, 넥타이, 벨트 등의 가짜 패션상품을 판매하는 가판대가 있다. 이 가판대 뒤의 2층에는 상가와 호텔, 레스토랑들이 있다. 이 외에도 관광객들에게 모든 유형의 중국 물건과 현지 음식을 저가에 제공하고 있는 노점상이 있고 중국식 파이를 판매하는 상점들과 전문 페이스트리 상점들이 있다.

쿠알라룸푸르 차이나타운에는 말레이시아의 다민족과 다인종 사회의 일원인 말레이시아 화교 공동체가 형성되어 있다. 그러나 이는 단순한 테마파크가 아니라 많은 중국인들이 상점을 운영하고 생업을 유지하고 있는 살아있는 문화경관이다. 따라서 거리 전체가 늘 분주하며 특히 중국의 설이나 중추절과 같은 축제 기간 동안에는 많은 사람들의 발길이 끊이지 않는다.

그림 4.4 쿠알라룸푸르 차이나타운(JALAN PETALING)

그림 4.5 차이나타운 내 상가 거리

그림 4.6 쿠알라룸푸르 차이나타운의 가판대와 상가

그림 4.7 차이나타운 근처의 '스리 마하 마리아만' 힌두사원

4) 조호르바루 차이나타운의 형성과 특성

조호르바루 차이나타운의 역사는 1844년 약 4천여 명의 중국인들이 남쪽에서 이주하면서 1855년 개항과 함께 시작되었다. 이곳은 약 160년의 역사를 통해 陳旭年街(Jalan Tan Hiok Nee), 黃亞福街(Jalan Wong Ah Fook), 林亞相街(Jalan Ah Siang), 郭欽鑒街(Jalan Quck Keng Kang), 余任桂街(Jalan Jim Quee), 余泰興街(Jalan Tai Heng), 兆南街(Jalan Siu Nam), 兆坤街(Jalan Siu Koon), 兆真街(Jalan Siu Chin), 卓亞文街(Jalan Toh Ah Boon), 黃義初街(Lorong Wong Hee Choo), 義興路(Jalan Ngee Heng), 怡泰興街(Lorong Lee Thye Heng) 등 여러 갈래의 길이 형성되었다. 이들 거리의 명칭은 대부분 이주 초기 화교 지도자나 공신(功臣)들의 인명에서 유래하였거나, 義興公司라는 회당(會黨: 화교 단체)의 명칭에서 유래하였거나, 또는 怡泰興이라는 상호(商號)에서 유래하였다. 이 중에서도 陳旭年街(Jalan Tan Hiok Nee)는 가장 대표적인 상업 및 문화의 거리로 사람들은 보통 이곳을 陳旭年文化街 또는 '老街'라고도 부른다.

陳旭年은 19세기 초 17세의 나이로 고향을 떠나 이곳에 온 뒤 떠돌이 상인 생활을 하던 중 훗날 술탄의 자리에 오르게 되는 아부 바카르(Abu Bakar)와 의형제를 맺었고, 1853년 그로부터 조호르바루 강 유역의 땅을 얻어 후추 등을 재배하는 농장을 시작하였다. 약 10년 후 단숨에 대항주(大港主)가 된 그는 義興公司의 제2대 수령이 되었으며 술탄에 의해 화교 교장(僑長; Major China of Johor)으로 책봉되었다. 이에 따라 그가 이 지역의 대항주이자 義興公司의 수령으로서 세금 징수, 화폐 발행, 광산 개발, 도박장 개설 및 경찰권까지 독점하게 되면서 숭가이 水路(Sungai segget[6]) 서안(西岸)을 차지하게 되자 이곳에 시장을 열고 고묘(古廟)를 세웠다. 그 결과 숭가이 수로 서안에 이브라힘 거리(Jalan Ibrahim)와 나란히 조주거리(潮州街), 즉 오늘

6 segget: sea gate, 즉 수로의 말레이시아어.

그림 4.8 陳旭年(文化)街라고 불리는 130년 전통의 조호르바루 차이나타운

날의 陳旭年街가 탄생하였다.

당시 '관도(官道)'였던 이 거리는 오늘날 비록 도시화의 물결에 밀려 그 본래의 모습이 많이 퇴색했지만 조호르바루 역사의 발원지이자 최초의 화교 거리로서의 의미를 여전히 간직하고 있다. 거리 바로 뒤 쪽에 건립된 조호르바루화족역사문물관(新山華族歷史文物館)은 이 같은 陳旭年街의 역사와 의미를 상징적으로 보여주고 있다.

陳旭年街에는 화족역사문물관 외에도 1878년 설립된 광동 출신 화교들의 종족회관인 廣肇會館과 영화 'Love is A many-Splendoured Thing'의 원작 소설 『A many-Splendoured Thing』의 작가이자 여의사였던 韓素音이 1960년대에 살았던 가옥이 자리 잡고 있다.

또 1919년 개업하여 100년 넘는 역사를 지닌 빵공장인 協裕麵包西菓廠에서는 아직도 대를 이어 빵을 구워 팔고 있으며 화교들이 운영하는 식당, 카페, 잡화상점, 이발관 등이 거리를 따라 늘어서 있다.

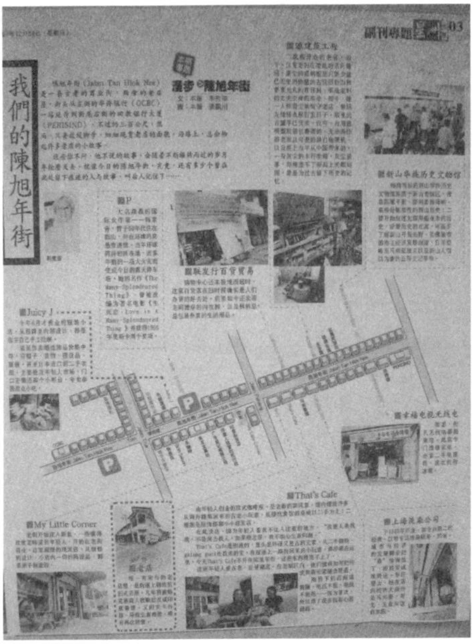

그림 4.9 陳旭年街 약도에 표시된 명소들

그림 4.10 조호르바루 차이나타운의 역사를 한눈에 볼 수 있는 안내도

그림 4.11 조호르바루 차이나타운 내의 100년 전통을 자랑하는 빵공장 '協裕麵包西菓廠'

그림 4.12 차이나타운 부근 인도인이 경영하는 음반 가게. 차이나타운 내에는 화교 상점과 인도인 상점들이 나란히 공존하고 있다.

그림 4.13 陳旭年街의 음식점

그림 4.14 陳旭年街 근처 거리의 힌두사원. 거리 오른쪽으로 보이는 탑 형식의 건물

그림 4.15 중국식과 이슬람식이 혼합된 듯한 상가 모습

이 거리 밖으로는 차이나타운 내에 인도인의 사원 및 상가와 조화를 이루며 공존하는 다민족 거리로서의 특징을 보이고 있다. 또한 전통적인 화교 건축양식과 이슬람식 건축양식이 섞인 복합적 양식의 건물도 들어서 있다.

다른 한편으로는 전통적인 차이나타운 거리 모습은 오늘날 현대화의 물결에 밀려 점차 현대식 건물들과 공존하는 모습으로 변모하고 있다.

그림 4.16 전통적인 화교 건물 뒤로 보이는 현대화된 대형 건축물

그림 4.17 古廟 밖으로 보이는 현대식 빌딩 숲

3. 집단적 기억의 재현과 정체성

1) 집단적 기억 재현의 공간

(1) 천후궁(天后宮)

1866년경, 페낭의 해남 화교공동체는 天后宮을 세우고 바다의 여신인 마조(媽祖)를 모셨다. 이 사원은 해남 화교공동체의 종교 활동과 사교의 중심지로서의 역할을 담당하였으며 약 30년 후인 1895년 현재의 장소인 페낭 Muntri Street로 옮긴 이후에도 계속해서 해남 화교들의 종교 및 사회적 요구에 부응하고 있다.

天后宮은 1925년 페낭경주회관(檳城瓊州會館)으로 명칭을 변경하면서 본격적인 종족협회로서의 기능을 담당하였다. 이 회관은 1941년 페낭이 일본에 함락될 때까지 그 기능을 지속하였으며 제2차 세계대전이 끝난 후인 1945년 이후 다시 활동을 재개하였다. 전후 기간 동안, 씨족협회는 이들 공동체를 위해 병원, 학교 등을 건립하였으며 장학기금 조성과 경제개발 프로젝트를 진행하였다. 1991년 페낭경주회관은 다시 해남회관(海南會館)으로 명칭을 바꾸고 더욱 광범위한 민족 집단을 포괄하였다. 한편 이러한 역사적인 이정표를 기념하기 위해 대대적인 사원 복구사업이 이루어졌다. 이 프로젝트는 1997년 완성되었는데 복구된 사원에는 마조를 포함한 전설속의 이야기를 표현하는 석재조각이 세워졌고 신전 중앙에는 바다의 여신 마조를, 그 왼쪽에는 중국 해남의 지방신 水尾娘娘을, 오른쪽에는 수호전의 등장 인물들인 108영웅을 모셨다.

해남회관(海南會館)은 이후로도 각종 사회, 문화행사를 열고 교육사업을 지원함으로써 지역 화교공동체에 지속적으로 기여하고 있을 뿐만 아니라 페낭의 주요 관광명소로도 널리 알려져 있다.

(2) 천공단(天公壇)

페낭의 天公壇은 Air Itam의 언덕 경사지에 자리 잡고 있는 중국 복주(福州) 지방 건축양식의 사원이다. 이 사원은 복건 화교공동체에 의해 설립되었으며 일찍이 1870년대 이전부터 존재했던 것으로 알려져 있다.

이 사원에는 천공(天公) 옥황(玉帝)을 모시고 있는데 화강암 계단을 따라 정문을 들어서면 석가, 문수, 보현의 삼방 부처와 도교 신앙의 대상인 관공(關公) 등이 모셔져 있는 공간이 있고, 그 뒤로는 이 사원의 주신인 옥황(玉帝) 중앙 신사가 있다. 옥황 주변에는 태양신과 달의 여신이 있고 두 개의 벽면을 따라 수많은 신상들이 세워져 있다. 매해 초아흐레 밤이 되면 대부분의 화교들이 天公壇으로 모여들어 옥황을 숭배하는 의식을 진행한다.

天公壇의 중요성은 성공적인 복구사업을 통해서도 확인할 수 있다. 먼저 1931년에는 싱가포르의 Haw Par Villa와 Tiger Balm으로 유명한 미얀마 출신 화교 胡文虎와 胡文豹의 지원으로 복구사업이 진행되었으며, 2000년에는 또 다른 복구사업이 시작되어 6년 동안이나 지속되었다.

(3) 무당묘(武當廟)

현천상제(玄天上帝)를 모시는 武當廟는 1946년에서 1948년 사이 말레이시아 Batu Phat 화교 공동체에 의해 세워진 것으로 알려져 있다. 이 武當廟를 세우기 위하여 Sungai Suloh 마을 주민들이 직접 중국 영춘(永春)에서 특유의 향을 가져왔는데 이 여정은 근대 중국역사에서 가장 혼란했던 시기에 이루어졌다. 이 시기는 청일전쟁과 국공내전, 그리고 공산주의의 승리와 1949년 중화인민공화국의 창설로 이어지는 역사의 격변기였다.

중국의 정치적 상황은 이 여정에 많은 어려움을 가져다주었지만 이들은 갖가지 난관을 뚫고 사원의 설립을 완성하였다. 초기의 사원은 매우 허름했으나 이후 지역 주민들의 지지와 참여 속에서 점차 그 세를 확장하였고 이후 1950년대에는 약 10여 년에 걸친 복구사업이 이루어지기도 하였다.

이후 10여 년 동안 이곳은 주민들의 종교적, 영적, 문화적 요구에 지속적으로 부응해왔으며 말레이시아의 주요 정책 및 사회적 변화의 영향을 받았다.

2005년 이후 현지 화교들의 적극적인 지원으로 대대적인 세 번째 복구사업이 이루어져 현재는 새롭게 단장된 모습으로 지역 화교공동체의 종교 및 문화 활동의 중심지로서의 역할을 지속적으로 담당해오고 있다. 최근에는 지역민들의 편의를 위한 보육센터의 창립을 지원하기도 하였으며, 주요 종교행사나 축제 기간 동안 현지인과 방문객들을 위하여 전통 창극을 공연하기도 한다. 武當廟는 남녀노소가 서로 만나고 집단적 기억을 공유할 수 있는 중요한 공간으로서의 역할을 하고 있으며, 지역사회에 기여하고 또 이를 통해 지역민들로부터 지원을 이끌어내는 차이나타운 사원의 전형적인 기능을 담당하고 있다.

(4) 조호르바루 고묘(新山古廟)

100년이 넘는 역사를 간직하고 있는 조호르바루 古廟는 바닷가 높은 언덕 위에 자리 잡은 直律街에 위치하고 있어 조호르바루 시를 한 눈에 내려다볼 수 있다.

이 사묘(寺廟)는 19세기 중반 조호르바루의 대항주이자 義興公司 수령이었던 陳旭年이 세운 것으로 알려져 있는데 그 구체적인 건립 시기는 알 수 없으나 내부에 소장하고 있는 두 개의 중요한 문화재인 편액(匾額)과 동종(銅鐘)에 새겨진 '同治庚午(1870)', '同治乙亥年(1875)'이라는 두 기록이 그 역사를 증명하고 있다.

古廟는 당시 조호르바루 시 5개 방(幇)[7] 공동체가 공동으로 의례를 행

7 화교의 종족 및 방언집단을 가리킴.

그림 4.18 조호르바루 古廟 입구

그림 4.19 古廟의 역사를 보여주는 동종(銅鐘)

그림 4.20 古廟 안에 설치된 문물실(文物室). 조호르바루고묘관리위원회에서 관리하고 있다.

하던 사묘(寺廟)로 후대의 공소(公所)나 현재의 중화공회(中華公會)와 같이 초기 화교공동체의 역량을 결속시키는 핵심적인 조직이었으며 이 지역 화교들의 최고 자치기관이기도 하였다. 따라서 1922년 공소가 성립되면서 이 古廟는 공소의 관할 하에 있었으며 제2차 세계대전 종전 후 중화공회가 성립된 이후에는 중화공회가 관할하였다. 그러나 1945년 고묘에 관한 업무를 전담하는 조호르바루고묘관리위원회(柔佛古廟管理委員會)가 설립되면서 고묘 관리 업무가 공회를 떠나 이 위원회에 귀속되었다.

(5) 진씨서원(陳氏書院)

싱가포르, 말레이시아 등 동남아에서는 출신 지역이나 종족 공동체가 모인 '회관' 이외에도 조상의 위패(位牌)를 모신 서원이나 사당을 흔히 볼

그림 4.21 진씨서원 입구

수 있는데 진씨서원(陳氏書院)은 진씨 성을 가진 말레이시아 화교들의 사당이다.

대부분이 상인의 후예들인 화교들은 낯선 환경에 적응하기 위하여 씨족이나 출신 지역, 방언에 따라 서로 모여 사는데, 이 같은 사원은 이러한 목적에서 세워진 일종의 협동조직이라고 할 수 있다.

진씨서원의 내부로 들어서면 마당을 지나 선조들의 사진과 위패를 모신 제단을 볼 수 있는데, 이 같은 제단은 이곳 화교들의 유교(儒教)적 전통을 반영하고 있다.

한편 진씨서원에는 이처럼 유교의 전통을 반영한 제단뿐만이 아니라

그림 4.22 제단에 모셔진 진씨 조상들의 사진

그림 4.23 제단에 모셔진 진씨 조상들의 위패

그림 4.24 조상의 위패와 함께 모셔져 있는 불상과 도교의 신상

불교(佛教)적 색채를 지닌 금불상이나 도교(道教)적 관습을 보여주는 옥황상제를 비롯한 여러 신의 위패도 모셔져 있다.

진씨들의 말레이시아 이주 역사는 200년이 넘는 것으로 알려져 있는데 이들은 오늘날까지도 중국적 전통과 생활방식을 유지하고 있으며 함께 모여 살면서 병원, 학교, 의식주를 대부분 자체적으로 조달하고 있어 아직도 중국어만을 사용하는 사람들이 있다.

진씨서원은 건물 외부 처마에 얹혀 있는 화려한 용 조각과 옥빛 기와, 그리고 자신들의 이주사를 파노라마 형식으로 표현해놓은 도자(陶瓷) 조각으로 유명한데 이는 말레이시아의 중계무역이 활발하던 시기 풍요로웠던 이들의 생활상을 엿볼 수 있는 흔적들이다.

그림 4.25 처마에 얹혀 있는 용 조각과 옥빛 기와

그림 4.26 진씨서원 내부의 파노라마 조각

2) 사회기관

(1) 중화대회당(中華大會堂)

중화대회당(中華大會堂)은 쿠알라룸푸르 Jalan Maharajalela(美芝路)의 진씨서원 맞은편에 위치하고 있다. 화교사회의 지도기구로서의 성격을 갖는 중화대회당은 陸佑, 朱嘉炳, 張鬱才 등이 처음 발의하였고 전권을 위임 받은 朱嘉炳, 張鬱才, 劉良顏 등이 1923년 제1차 화교대회를 개최함으로써 창립의 첫 출발을 알렸다. 이후 약 10여년에 걸쳐 파벌 분쟁과 말레이시아 정부의 토지계약 철회 등 우여곡절을 거쳐 1934년 최종적으로 완공되었다.

회관, 사원 등이 초기 이주 화교 디아스포라의 중심이었다면 근대식 건물을 갖추고 있는 이곳 중화대회당은 오늘날 화교들의 각종 활동과 생

그림 4.27 중화대회당 전경

활의 중심으로 기능하고 있으며 쿠알라룸푸르 화교들의 결혼식, 회갑연 등 행사, 그리고 각종 단체의 총회나 회합이 주로 이곳에서 이루어지고 있다.

(2) 남방대학학원(南方大學學院/Southern University College)

南方大學(약칭)은 南方學院(단과대학에 해당)에서 승격한 화교 자녀를 위한 종합대학교이다. 그 전신은 '조호르바루 중학전과부(寬柔中學專科部)'로 말레이시아 화교들의 모금에 의해 개교된 최초의 말레이시아 고등 교육기관이었다.

1975년 화교자녀들이 고등학교를 졸업한 이후 교육 기회가 단절되던 문제를 해결하기 위하여 조호르바루 중학(寬柔中學)을 바탕으로 '조호르바루 전과부(寬柔專科部)'를 설립하여 고등학교를 졸업한 화교 자녀들에게 계속하여 보다 전문적인 지식을 얻을 수 있는 통로를 제공하였다.

그림 4.28 남방대학학원의 현황과 역사에 대해 소개하고 있는 安煥然 교수와 陳秋平 교수

1986년 6월 화교교육을 위한 완성적인 시스템을 갖추기 위하여 寬柔中學 이사회에서 당국에 사립대학 설립을 신청하여 1990년 화교공동체 최초의 사립대학인 南方學院을 정식으로 개교하였다. 개교 당시에는 南方學院은 寬柔中學 교정을 임시로 사용하다가 현재의 Skudai에 마련된 새로운 캠퍼스로 이주하였다.

2012년 1월 2일 말레이시아 고등교육부가 종합대학 승격 신청서를 南方學院으로 보내 학원 측으로 하여금 승격신청을 하도록 요청하였다.

이어 2012년 6월 19일 말레이시아 고등교육부의 승격 비준이 이루어졌고 같은 해 8월 중순 비준서가 학교에 정식 전달됨으로써 화교공동체가 염원하던 초등교육부터 대학교육까지 전반적인 시스템을 갖춘 중국어를 공식 교육언어로 하는 화교 교육시스템이 완성되었다.

제5장
한국 화교의 집단적 기억과 재영토화

1. 한국 화교 디아스포라 개관

1) 한국 화교의 이주 역사

중국인의 한반도 이민은 일찍이 진한(秦漢) 시기 때부터 그 흔적을 찾아볼 수 있다.[1] 하지만, 이른바 '중화민족'라는 집단적 자의식을 가진 화교의 이주는 1882년 6월 임오군란(壬午軍亂)을 계기로 조선에 파견된 청국 군인 3천명과 군수품 보급을 위해 동반한 군역상인(軍役商人) 40여 명의 입국으로부터 시작되었으며, 같은 해 8월 조선과 청국 간에 체결된『조청상민수륙무역장정(朝清商民水陆贸易章程)』을 통해 본격화되었다.[2]

중국 근대사의 기록에 따르면 청(清) 태종(太宗) 숭덕(崇德) 연간에 조선은 청국과의 경제교류를 위해 조청(朝清) 변경지역인 신의주, 회령, 경원 등지에서 매년 한두 차례 물물교환 형식의 교역을 진행하는『북도개시제(北道開市制)』를 실시하였다. 1881년 1월, 조선은 러시아의 남하와 일본의 침입을 저지하기 위해 청국에『북도개시제』대신 별도의 통상조약을 맺을 것을 제안하였고, 임오군란을 계기로 1882년 8월『조청상민수륙무역장정』을 정식으로 체결하였다. 이로부터 화교의 수가 급격히 증가하기 시작하여 1883년 209명이던 화교 인구가 1908년 9,978명으로 약 25년간에 걸쳐 50배 가까이 증가하였다. 이후 한일합방 직전인 1909년 6,568명으로 다소 감소하였다가 1910년 곧바로 11,818명으로 회복되었고 계속적으로 꾸준한 증가세를 보여 1931년 만보산사건(萬寶山事件)[3]을 기화로 격심한 배화

1 BC 11세기 은(殷) 말의 기자(箕子)로부터 중국인이 한반도 이주가 시작되었으며 이후 위만조선(衞滿朝鮮), 한사군(漢四郡) 설치 등을 통해 계속되었다는 것이 일부 학계의 견해이다(楊昭全, 孫玉梅,『朝鮮華僑史』, 中國華僑出版公司, 1991).

2 최승현,『韓國華僑史研究』, 香港社會科學出版社有限公司, 2003, pp. 3-17.

3 1931년 중국 길림성(吉林省) 만보산 지역의 관개수로 공사를 둘러싸고 한·중 두 나라 농민 사이에 일어난 분쟁으로 한국인이 중국인에게 피해를 받았다는 한국 신문의 보도에 한국 국민이 격노하여 전국의 화교를 공격하였다. 후에 이 사건이 두 종족 사이의 갈등을 조성하기 위한 일본의 간계였음이

풍조(排華風潮)로 인한 대규모 귀국사태가 나타나기 전인 1930년에는 67,794명까지 늘어나 1910년에서 1930년까지 20년 동안 5.8배가 증가하였다. 그 후로도 한반도의 화교인구는 광복 직전인 1942년 82,661명에 달했다.[4] 그러나 근대시기 이래 계속되던 중국인의 한반도 이주는 1948년 대한민국 정부수립과 함께 공식적으로는 중단 상태에 놓이게 되었다. 이 기간 동안 중국인들의 한반도 이주의 특징은 새로운 경제적 활로를 찾기 위한 경제이민이었다. 이들은 조선 개항 후 대부분 인천에서 상업과 농업에 종사하였고, 이외에 공업에 종사하거나 광산노동자로 일하는 쿨리 등도 포함되어 있다.

한편 1884년 4월 『인천화상조계장정(仁川華商租界章程)』의 체결로 지금의 인천시 선린동 일대 5,000평 규모의 토지에 중국 조계지가 세워졌다. 중국의 조계지가 형성된 후 중국의 건축양식을 그대로 재현한 건물이 곳곳에 들어섰는데 이것이 오늘날의 인천 차이나타운의 최초 형태이다.

1898년 의화단(義和團)의 북청사변(北清事變)으로 중국 산동성(山東省)이 전란에 휩싸이자 가까운 한국으로 대거 피난하기 시작하였는데 이들의 주요 집결지가 바로 인천이었으므로 인천은 자연스럽게 화교들의 근거지가 되었으며 서울과 함께 화교들의 양대 집거지가 되었다.

또한, 인천은 화교의 한반도 진출입에서 주요 통로였던 만큼 유동인구가 상당히 많았다. 예를 들어, 1927년 5월 12일자 『동아일보』에는 경기도 보안과가 인천으로 들어온 중국 노동자 수를 집계한 결과 4월 중에만 5,825명이 들어왔으며 누계로는 2만을 넘을 것으로 예상하였다는 기사가 실려 있다.[5] 1927년 인천화교가 2,077명이었다는 것을 감안하면 10

드러나자 한국과 중국 양측 지도자의 주선으로 곧 해결되었다.

4 박정동, 「한국화교(인천화교)의 경제활동 및 사회적 지위에 관한 연구」, 인천발전연구원, 2005, pp. 17-22.

5 「四月 中에만 五千八百여 명 - 중국란리가 원인. 仁川으로 온 中人勞働者」, 『東亞日報』, 1927-05-12.

그림 5.1 초기 인천 차이나타운 모형도(인천개항장 근대건축박물관 소장)

그림 5.2 초기 인천 차이나타운을 묘사한 그림(인천개항장박물관 소장)

배 가까운 중국인이 당시 이 지역에 머물거나 이곳을 거쳐 이동하고 있었던 것이다. 인천지역은 한국 화교 이주의 주요 통로로 늘 많은 유동인구를 내포하고 있었다고 볼 수 있다. 1931년 중국 총영사관은 산동의 연대(烟臺), 위해(威海)에서 해로로 인천에 도착한 후 다시 경성까지 이동하는 중국인의 상황을 보고하고 있는데, 이에 따르면 연대, 위해에서 인천까지는 여권 없이도 하루밤낮이면 도달할 수 있었다. 1934년 조선총독부 경무국은 산동, 요동반도 등으로부터 매달 평균 1,000~2,000명의 중국인들이 인천으로 건너온다고 보고하고 있다.[6]

2) 한국(인천) 화교의 사회 문화적 현황: 교육, 경제활동, 종교

(1) 교육

1970년 초반까지 서울, 부산, 대구, 인천 등 4개 도시에 중고등학교 통합과정의 화교학교가 설립되어 있었고, 광주에는 중학교 과정이 설립되어 있었다. 그 외 초등학교 50여 곳, 유치원이 3개 설립되어 있었다. 당시 총 학생 수는 1만여 명에 달했다. 화교학교는 대만의 학제를 따랐고, 화교고등학교 졸업생 중 상당수가 대만으로 유학을 떠났다. 일부 졸업생은 미국 등지로 유학을 가기도 하였고, 국내 대학에 진학하기도 하였다. 1980년대 초반 고등학교 4개, 중학교 1개, 초등학교 37개, 유치원 1개로 학교 수가 전반적으로 약간 감소하였고, 총 학생 수도 5,907명으로 줄어들었다. 당시 교원 수는 총 187명이었다.

화교학교가 여전히 민족 교육과 화교 공동체의 구심점 역할을 하고 있는 것은 분명하지만, 그러한 역할을 수행하면서 많은 어려움을 겪어왔

---

6 이상 한국 화교의 이주 역사 관련 내용은 김승욱 「20세기 초(1910~1931) 인천화교의 이주 네트워크와 사회적 공간」(『중국근현대사학회』, 2010, pp. 21-48), 전남대학교 세계한상문화연구단 5차 총서 『화교 디아스포라: 이주루트와 기억의 역사』(북코리아, 2013, pp. 62-63)의 내용을 참고하거나 일부 인용한 것이다.

다. 첫째 학생 수가 줄면서 폐교되거나 파행적으로 운영되는 학교가 늘어났다. 화교학교의 숫자가 가장 많았던 1974년에는 초등학교가 50개, 중고등학교가 5개였으나 1994년에는 초등학교가 34개로 줄었고, 1999년에는 다시 26개로 감소하였으며 중고등학교 숫자도 한 개가 줄었다. 학생 수가 감소한 이유는 미국이나 대만 등지로 재 이민을 떠나는 사람들이 많아지고, 산아제한으로 인구의 자연증가가 둔화되었으며, 1975년 이후 한국인 학생의 화교학교 진학이 불가능해졌기 때문이다. 한국인 여성과 결혼하는 화교가 늘면서 자녀를 한국 학교에 진학시키는 경우가 증가한 것도 주된 이유 중 하나이다. 학생 수 감소에 따라 폐쇄되거나 파행적으로 운영되는 화교학교가 늘고 학교 재정문제가 악화되면서 화교교육은 위기에 처하게 되었다.

2002년 말 현재까지 서울, 부산, 인천, 대구에 4개의 중고등학교가 있었으며 학생 수는 약 1,731명, 교원 수는 112명이었다. 화교 초등학교는 한성화교초등학교 등 27개였으며, 학생 수는 394명, 교원 수는 110명이었다. 학생 수는 여전히 감소 추세이며, 화교의 기부금 및 보조금에 의지하여 운영 중이다.

1999년 화교학교는 '외국인 임의단체'에서 '기타 유형 교육기관'으로 승격하였다. 2003년 5월 현재, 교육인적자원부의 인가를 받은 외국인 학교는 총 43개교였는데, 그중 화교학교가 19개교였다. 그런데 일반적으로 외국인 학교의 학력은 각각의 본국에서 인정받을 수 있고, 국내에서는 인정받을 수 없다.

인천의 화교학교는 유치부, 초등학교, 중고등학교 과정으로 구성되어 있다. 초등학교가 세워진 것은 1902년이며, 중학교 과정과 고등학교 과정은 각각 1957년과 1964년에 개설되었다. 교육과정은 일주일에 3시간씩 한글 교육을 하는 것을 제외하고 대만의 학제와 거의 같다. 학생 수는 1998년 5월 현재 초등학생 196명, 중학생 143명, 고등학생 137명으로 각

학년에 한 학급씩이 있었다. 유치부는 1998년에 설립되었고, 2000년 말 현재 46명이 재학 중이었다.

전체 화교인구가 1974년 이후 감소하였는데, 학생 수 역시 감소하였다. 인천의 경우, 1980년대 중고등학교에 700명 이상이 재학 중이었고, 초등학생을 합하면 천명을 상회하였다. 현재는 그 숫자가 5백 명에도 미치지 못한다. 이러한 추세는 졸업생 숫자에서도 나타난다. 초등학교는 졸업생 숫자가 가장 많았던 1974년 120명에서 1997년 44명으로, 중학교는 1971년 141명에서 1997년 40명으로, 고등학교는 1975년 111명에서 1997년 31명으로 감소하였다.

과거 화교학교 졸업생들은 교민학생들에게 일정한 입학생 숫자를 할당해 주고, 수업료와 기숙사비의 일부를 지원해주는 대만 대학에 입학하는 것을 선호하였다. 그러나 최근에는 성장과정에서 한국어와 한국 문화를 보다 많이 접하고, 한국인 어머니를 둔 학생들이 늘어나는 추세 속에서, 또한 대학 졸업 후의 사회적응력을 고려하여 한국 대학 진학을 더 선호하는 것으로 나타났다.

국내 대학에 진학할 때 부모 모두 화교인 경우 화교학교 졸업생은 정원 외 입학생에 해당되므로 입시 부담이 상대적으로 덜한 편이다. 그러나 대학 진학 후 적응이 어려운 측면이 있다. 그리고 부모 중 한 사람이 한국인이면 화교학교를 졸업하여도 그 특수성을 인정받지 못한다. 따라서 한국 대학에 진학할 것을 고려하는 학생이나 학부모는 초등학교와 중 · 고등학교를 모두 한국 학교에 보내려고 할 것이다. 그 결과 앞으로도 화교학생 수가 계속 감소할 가능성이 높을 것으로 보인다.[7]

---

7 박정동, 「한국화교(인천화교)의 경제활동 및 사회적 지위에 관한 연구」, 인천발전연구원, 2005, pp. 83-84.

(2) 경제활동

① 개항 초기

5명의 중국인이 무역과 상업에 종사하며 거주하기 시작한 인천의 화교는 청국조계지의 설정으로 본격적인 활동을 개시하였다. 개항 초기 인천에 진출한 화교는 대부분 산동성 출신의 남성 노동자였다. 이주 초기 화교는 무역, 농업, 제조업 등 다양한 업종에 종사하였다. 그중 무역업이 자본규모와 영향력 면에서 큰 비중을 차지하였다. 화상(華商)들은 일인에 비해 자본과 경험이 풍부하고, 수출입 화물의 하역과 운송, 판매를 자신들의 힘으로 처리하는 체제를 갖추고 있었기 때문에 쉽게 인천의 상권을 잡을 수가 있었다. 이들 중 수입은 1890년대 초반 인천항 전체 수입량의 47%를 차지하고, 그중 광목의 수입이 76%를 차지하였는데, 청일 전쟁이 발발하기까지 이들 수입 업종을 청국 상인이 독점하였다. 한편 농업에 있어서는 당시의 인천 농업은 전반적으로 식량자급을 위한 소규모 영농에서 벗어나지 못하고 있었으며 제조업에 종사하는 화교 또한 극히 소수에 불과하였다.

② 일제 강점기

한일합병으로 일본인들이 인천의 정치와 경제를 완전히 장악하였다. 1930년도의 조선 국세 조사보고에 의하면 화교인구 3,372명 중 상업종사자가 가장 많은 1,120명으로 33.2%를 차지하고, 공업이 14%, 교통업이 12.2%, 농업이 9.5%, 무직이 22.7% 등을 차지하고 있었다. 1930년의 상업종사자를 세분하면 물품판매업 602명, 행상 및 노점상 76명, 여관 및 요식업 종사자 257명, 이발 및 미용 55명, 기타 130명 등이었다.

당시 인천에는 공화춘, 중화루 등 규모가 큰 요리집에서 호떡집, 만두가게 같은 소규모 음식점까지 다양한 점포가 성업 중이었다. 한편 화교

제조업자는 피복제봉 10명, 제과 및 제빵 24명, 세공업 2명 정도였고, 이밖에 소수의 주류제조업자가 있었다. 이 외에는 대부분이 제과 및 제빵 종업원, 재단사, 제화공(製靴工), 목공, 석공 등 노동자들이었다.

결국 인천에 거주하는 화교는 하급노동자가 대부분이고 본인이 직접 경영하는 업주는 소수에 불과한 실정이었다. 농업에서는 개항 초 이후 이주한 화농이 증가하여 일제 강점기에 와서는 채소의 생산에서 판매에 이르는 유통조직이 확고해져 인천의 채소시장을 독점하기에 이르렀다. 그러나 1931년 만보산사건으로 인해 화교경제가 큰 타격을 받게 되었고 화교들의 비단 포목점, 청요리집, 채소가게, 이발소 등으로 번성했던 차이나타운이 점차 쇠퇴하고 인천의 상권이 일본인에 의해 완전히 장악되었다.

③ 1945년 이후

해방 이후 인천을 중심으로 다시 활기를 되찾았던 화교 무역은 1949년 중화인민공화국의 건국으로 인한 국교 단절과 독자 무역 금지법, 1950년 한국전쟁으로 인한 재산 손실 등으로 타격을 받았다. 이후 무역상들이 한국을 떠나면서 경제기반이 붕괴되고 자본의 부족과 법적 규제가 심화되면서 요식업과 농업으로의 대대적인 전업이 이루어졌다.

1964년의 직업별 인구수는 학생과 무직이 각각 1,248명과 1,166명으로 가장 큰 비중을 차지하고 있었다. 한편 농업(인천채소시장)종사자의 수가 438명으로 상업종사자 328명보다 많았는데, 이는 당시까지 인천 채소시장의 상당 부분을 화교들이 점유하고 있었기 때문이었다.

1970년대는 무직으로 분류된 화교의 수가 2,593명으로 전체 화교인구 4,401명의 58.9%를 차지하였다. 이는 1960년대 말부터 진행된 근대화와 도시계획에 의해 도로변에 위치한 차이나타운이 해체의 길을 걸었을 뿐만 아니라 토지규제로 인한 화교경제의 쇠퇴로 화교들이 대거 도시로 진출한 까닭에 인천에서의 안정적인 정착이 이루어지지 않고 일정한 직업을 갖지 못했기 때문이었다. 1980년대에 이르러서는 상업에 종사하는 화교의 비율이 대폭 증가하였는데, 이 중에서도 요식업 종사자의 비중이 가장 컸다. 한편 1980년대 이후 화교의 경제활동에 대한 조사는 거의 이루어지지 않아 현재는 이와 관련된 통계를 찾아보기 어려운 실정이다.

④ 한·중 수교 이후

1992년 한중수교 이후 한국과 중국 사이의 유동인구가 크게 확대되었다. 한중수교의 재개는 냉전시기 내내 봉쇄되어 있었던 한국 화교사회가 재도약을 시작하는 신호탄이 되었다. 또한 IMF체제 이후 적극적인 외자 유치 정책이 단행되면서 과거 화교의 경제활동을 제한하던 각종 법안이 수정되었고 화교의 경제활동을 활성화하기 위한 법안들이 새로 제정되면서 새로운 발전의 국면을 맞고 있다. 한국 화교는 객관적인 측면에서 발전의 원천을 획득하게 되었고, 동시에 한국 내부에서 재산을 축적할 수 있는 조건을 갖추게 되었다. 그러나 현재 인천 북성동사무소 주변 화교촌의 상황을 보면 새로 들어선 몇몇 중국음식점들이 이전에 비해 번창한 외에는 이렇다 할 변화가 없고 여전히 저개발 지역으로서 매우 낙후된 모습만을 보이고 있어 1993년 이후의 개발 계획들이 아직은 현실적인 변화를 가져오지 못하였다는 것을 알 수 있다.

통계에서 나타난 인적 교류의 증감을 살펴보면 1993년 이후 한중간의 인적 교류가 끊임없이 확대되고 숫자가 급속히 팽창되고 있음을 발견할 수 있다. 이처럼 크게 증가하고 있는 중국과의 교류는 한국 화교의 지위 변화에도 영향을 끼쳤다. 최근 중국경제의 고속성장과 다원화, 국제적 지위에 있어서의 중국의 위상 제고에 힘입어 한국 내 중국의 위상이 크게 높아졌으며 이 같은 중국의 위상이 화교의 지위 제고에 간접적인 영향을 미치게 된 것이다.

중국의 개혁개방 추이에 따른 한중간 인적, 물적 교류의 확대와 한국의 적극적인 개방화 정책에 따른 중국인 수의 증가는 화교의 질적 변화를 가져오고 있다. 과거 고립된 상태에 처해 있던 화교들이 점차 변화 중인 한국 사회에 적응하기 위하여 피동적인 입장에서 탈피하고자 하는 노력을 시작하였다. 1980년대에 매년 10명 내외에 그치던 귀화자 수가 1990년에는 34명, 1995년에는 70명, 1997년에는 150명으로 대폭적인 증가세를 보이고 있으며, 화교사회는 점차 보다 활발한 화교공동체의 구축을 향한 발전의 조건을 형성해 가고 있다. 한국정부의 차이나타운 건설 계획과 맞물려 최근에는 한국의 다른 지역에서 음식점을 하던 상인들이 속속 차이나타운 일대로 모여들고 있고 이들이 개업한 중국음식점 수가 날로 증가하고 있어 향후 인천 차이나타운의 발전 전망은 밝아졌다. 뿐만 아니라 중국과의 교류가 더욱 확대되면서 여행업 등에 종사하는 젊은 세대들이 증가하고 있어 거의 대부분이 요식업에 종사했던 이전 세대에 비해 직업의 다양화도 함께 이루어지고 있다.

(3) 종교

일반적으로 중국인은 지극히 현실적이고 합리적이어서 이들은 어떤 특정한 초월자를 섬기거나 절대적 가치를 신봉하지 않는다는 인식이 있다. 그러나 정작 중국인이 비종교적이라는 말은 사실과 거리가 멀다. 사람에 따라 중국이 비종교 국가라고도 하고 다종교 국가라고도 하지만 결국 양자는 같은 현상의 두 가지 단면이라고 보는 것이 적절하다. 중국인은 초자연적인 세계를 현실과 아주 가까운 곳에 있는 것으로 여겨왔고 현재까지도 그들의 내면에는 이러한 의식이 잠재되어 있다. 대체로 중국인의 종교를 유불선이 결합된 신앙으로 보지만 실제로는 민간신앙, 혹은 토착신앙에 가깝다고 보는 것이 보편적인 시각이다. 다시 말해 토속신앙을 바탕으로 불교와 도교를 결합한 것이다. 이들의 토속신앙은 사실 대단히 현세적이다. 토착신과 조상신에게 바치는 제례는 대개 자신들의 화복을 구하는 현실적인 목적을 지니고 있기 때문이다.

중국인이 가지고 있는 종교적인 특징은 대체로 다음 세 가지로 요약할 수 있다. 첫째, 전통적으로 중국인들은 종교에 대해 어떤 특정한 선입관을 가지고 있지 않다. 둘째, 종교적인 규제는 그다지 중시되지 않으며 한 사람이 여러 종교를 믿기도 한다. 셋째, 숭배의식에 그다지 구애받지 않는다. 이와 같은 특징은 화교들에게서도 유사하게 나타난다고 가정할 수 있다. 다만 기독교의 경우는 본래 배타적인 특징을 지니고 있기 때문에 예외가 될 수 있다.

산동성의 경우를 보면, 1917년에 시작된 신문화운동에서부터 중화인민공화국의 성립과 문화대혁명에 이르기까지 민간신앙이 강한 배척을 받았음에도 불구하고 불교, 도교, 유교의 전통과 조상숭배의 의식은 여전히 유지되고 있다. 이밖에 비교적 근대에 전파되어 아직 중국적인 변화를 많이 겪지 않은 천주교와 개신교는 그 세가 상대적으로 미약한 편이었는데 한국 화교는 산동성 출신들이 대부분임에도 불구하고 이와는 조금 다른 양상을 보인다.

① 불교

우선 대다수 화교들이 신앙하는 것으로 여겨지는 불교의 경우, 실제로 자신이 불교 신자라고 이야기하는 사람은 거의 없다. 북성동에 있던 작은 절도 문을 닫고 옮겨간 상태다. 이는 그다지 의외의 상황은 아니라고 할 수 있다. 중국 불교의 특성상, 본래 승려나 절, 불교 교리가 중시되는 모습보다는 토착신앙과 긴밀하게 결합되어 있어 다소 복잡한 형태를 보이고 있기 때문이다. 중국의 촌락에서 불교의 종파는 거의 의미가 없으며, 형태나 신앙 모두 대단히 느슨한 편이다. 절의 주지는 승려라기보다는 사원지기에 가깝다. 실제로 불교 신자라 해도 독실한 믿음이나 수행은 기대하기 어렵다. 한국 화교들만을 신자로 하는 달마불교회가 있다고는 하지만 인천에서 그 존재를 찾기는 쉽지 않으며, 대개 불교 신자들은 개인적으로 집에서 불당에 향을 피우거나, 절에 가더라도 편의에 따라 한국의 일반 절에 다니기도 한다. 불교 신자에 속하는 화교들은 대부분 민간신앙에 배타적인 모습을 보이지 않으며 집에서 전통적인 제사 의례를 행하기도 한다.

다만 예외적으로 '일관도'라는 새로운 종파가 있는데 승려는 없으며, 집안에 법당을 두고 아침저녁으로 향을 피우고 차를 공양한다. 기독교와 유사하게 정해진 법문을 읽고 엄격한 채식주의를 지키며 교리는 대만에서 부정기적으로 봉사활동을 하는 사람들이 파견되어 가르친다. 이들은 위패를 모시고 조상의 명복을 비는 정도의 간소한 의식은 행하지만 정식으로 제사를 지내지는 않는다.

② 기독교

한국 화교는 천주교신자는 거의 없는 반면에 개신교의 존재는 뚜렷하고, 특히 기독교 신자가 불교 신자보다 많다. 박은경은 일찍이 "기독교인은 그 수는 극히 적으나 한국 화교 사회에서는 …… 더욱 적극적인 종교로 부상되고 있다. 이는 …… 한국 사회에 번성한 기독교의 영향이 크게 작용한 때문으로 보인다."[8]라고 언급한 적이 있는데, 실제로 기독교인의 숫자가 얼마나 되는지는 확인하기 어렵다.

1917년 외국 선교사와 화교들이 세웠다고 알려지고 있는 인천 북성동 교회의 신도는 약 40여 명 정도로 극히 소수에 불과하다. 이같이 적은 신도 수는 한 가지 고려해야 할 부분을 암시한다. 화교 2세대까지는 이 교회처럼 중국어로 예배를 보고 중국인들끼리 모이는 장소를 필요로 했지만 한국어와 한국문화에 익숙한 3세대들은 기독교 신자라 해도 굳이 이

8 박은경, 『한국 화교의 종족성』, 한국연구원, 1986, p. 178.

교회를 다닐 필요를 느끼지 못할 수 있다는 점이다. 확인되지는 않았으나 화교들이 3세대에 이르러 전반적으로 한국 사회와 문화의 영향을 많이 받았다고 가정할 때 기독교인은 분명 늘어나고 있는 것으로 추정된다. 이 교회에는 중국어를 배우려는 목적으로 멀리서부터 다니는 한국인도 있어 더욱 교회가 화교들만의 공간이 아님을 보여주고 있다. 기본적으로 이 교회는 장로파에 속하나 종파를 초월해 있는데, 이는 종교의 신앙에 있어서 상대적으로 유연한 화교들의 성격을 보여준다. 그러나 기독교의 경우 그 성격에서 특별히 중국적인 부분을 찾기는 어렵다. 교회의 행사, 교리, 예배 진행이나 전도 등의 활동 전반에서 일반적인 한국 교회와 큰 차이가 없고, 예배 또한 중국어로 진행하기는 하지만 그 순서나 방식이 통상적인 예배 순서와 다름이 없다.

대개 기독교 신자들은 조상숭배나 제사를 미신으로 여기고 행하지 않지만 일부 화교들은 기독교인이면서 제사를 지내거나, 절충안을 택하는 경우가 있다.

③ 민간신앙

한국 화교뿐만 아니라 중국을 비롯한 세계 곳곳에 흩어져 있는 화교들의 민간신앙은 극히 다신교적이며, 산악이나 수목에 대한 애니미즘의 정령, 불교의 부처와 보살, 도교의 선인 모두를 포괄한다. 특히 신(神), 귀(鬼), 조상 세 가지 유형이 가장 기본적이다. 신은 가장 강력한 경외의 대상이지만 실제로 그 이미지는 관료와 같고 신들의 위계 또한 왕조의 관료체계와 거의 동일하다. 이 신들은 전능한 것은 아니고, 대개 이전에 걸출했던 인간의 혼백이라고 여겨졌다. 가장 말단에는 모든 집에 하나씩 있는 '부엌 신'이 있고 그 위로 토지신, 상제공, 성황신 등을 거쳐 정점에 황제와 같은 옥황상제가 있다. 부엌신은 조신, 조왕, 사명토군 등의 다른 이름을 가지고 있으며 그의 주 임무는 가족 구성원에게 수명을 할당하고 부와 가난을 나누어주는 것이다. '부엌 신'의 성격 역시 중국에서 가장 널리 받들어지는 재신(財神)의 속성을 지니고 있음을 알 수 있다. 재신은 중국 뿐 아니라 동남아시아 화교들의 보편적인 숭배 대상으로 알려져 있으며, 그 종류 또한 매우 다양하다.

2. 인천 차이나타운의 형성과 특성

화교의 한국으로의 이주는 19세기 말 제국주의의 침략과 맞물려 본격적으로 이루어진 것으로 보인다. 정치적 목적에서 파견된 군대가 주둔하던 지역에 이들의 비호를 바탕으로 상인 집단이 거주하게 되면서 초기 화교 집단의 정착이 이루어 졌다. 현 선린동 일대는 이처럼 초기에는 청국의 조계지로서 청국 영사관을 중심으로 번창하였던 곳으로 정착 이후 백여 년에 이르는 상당한 역사를 지니고 있으며 지금도 화교학교(구 청국 영사관 자리)를 중심으로 자리하고 있다. 근래에는 인천시 차이나타운 건설 계획에 따라 패루가 새로 건립되거나 새로운 중국음식점이 문을 여는 등 재개발 사업이 이루어지고 있다.

1) 인천 차이나타운의 형성

(1) 인천 차이나타운의 역사

화교들이 언제부터 인천에 거주하게 되었는지는 확실하지 않으나 1882년 8월 조선과 청국 간에 체결된 『조청상민수륙무역장정(朝淸商民水陆贸易章程)』에 의해 진수당(陳樹棠)이 청국상무총판(재정고문)으로 파견 된 이후 이내영(李乃榮)이 영사업무를 관장하기 시작한 1883년(고종 20년) 말부터 청국 상인들이 내항하기 시작하였고, 이듬해(1884)에 5명의 중국인이 구 세관

뒤편에 집을 짓고 식료품, 잡화류의 수입과 해산물의 수출업에 종사하며 영국, 미국, 러시아 등의 선박이 입항하면 식료품, 식수 등을 공급하였다.

인천 지역에서 화교들이 가장 많이 거주한 지역은 청국 조계지가 있던 지금의 북성동 일대이다. 개항 초기 일본에 선수를 빼앗긴 청국은 조선에서의 세력 회복을 위하여 청국과 지리적으로 가깝고 조선의 수도인 한양과도 가까운 인천을 조계지로 선정하고 1884년 4월 인천구화상지계장정(仁川口華商地界章程)을 조인하게 되었는데 그 내용은 대략 다음과 같다.

첫째, 약 5,000평 정도의 현 북성동 일대를 청국인 거주 지역으로 하고, 치외법권을 인정한다.
둘째, 무역활동 및 부동산 소유가 자유로이 인정된다.
셋째, 청국인은 북성동 일대 외에 다른 외국 공동 조계지에서도 자유로이 거주할 수 있다.

인천구화상지계장정으로 선정된 5,000여 평의 청국 조계 지역이 오늘의 북성동 일대이다. 북성동은 일제 때는 지나정(支那町)으로 불리던 지역으로, 1946년 중국과의 친선을 목적으로 선린동으로 개칭하였다가 현재는 북성동에 병합되었다. 북성동은 행정상의 편의에 따라 북성1동, 북성2동, 선린동으로 나누어지기도 한다.

현 북성동사무소가 있는 도로는 개항 당시의 번화가로 동순태, 인합동, 지홍동 등 거상들의 점포가 위치하고 있었다. 그 뒷길 현재의 화교학교 자리에는 청국영사관이 있었고, 그 주위에 客棧(여관 및 음식점), 잡화상, 주택 등이 들어서 있었다. 개항기에는 이 지역에 자리한 상인들은 중국과의 교역과 전국의 화상과도 밀접한 연계를 이루고 있어 화교사회에서 중요한 위치를 차지하고 있었다. 또한 청국조계지는 밀수업자인 「잠상(潛商)」의 본거지로, 또 해마다 봄이면 한반도로 일자리를 찾아 이동했다가 가을

이면 돌아가는 쿨리들의 본거지로 북적거렸다. 1913년 청국조계지의 철폐 이후에도 계속해서 화교의 집거지로 남아 화교 활동의 중심지 역할을 하였으며 1945년 이후에는 대중국무역이 활기를 띠면서 이 지역이 더욱 활성화되었다. 그러나 무역업의 쇠퇴로 화교무역상이 떠나고, 한국전쟁을 거치면서 대부분의 상점 건물이 파괴되어 1990년대 재개발이 진행되기 이전까지 한동안 인적이 끊긴 음산한 거리로 변모되었다.

(2) 북성동을 중심으로 한 인천 차이나타운의 인구 변화

① 개항 초기

개항 초기 인천지역 내 청국조계지가 있었던 북성동 일대는 지금까지도 대다수의 인천화교들이 거주하고 있는 지역인 만큼 이 일대의 화교 인구는 인천 화교 인구 전체의 분포를 보여주는 바로미터라고 할 수 있다.

1885년은 도로, 거주 및 상가구역 등의 시설이 완성되어 청국인에 경매가 시작되는 시기였기 때문에 많은 화교가 활동하지는 않았지만, 이후 화교 인구가 급증함에 따라 주위 지역으로 확장되면서 당시 경인가도의 통로로 중심적인 번화가였던 청국인 집단 거주지를 형성하였다.

청일전쟁이 발발하자 인천에는 약 200여 명의 화교만이 남고 나머지는 귀국하게 되었고 청일전쟁의 패배로 화상이 대거 몰락하자 화교 가옥을 일본인들이 차지하게 되면서 청국 조계지에 일본인과 화교들이 혼재하게 되었다. 종전 후 약 1,200명의 화교가 인천으로 복귀하여 상권 탈환에 주력하였으며 이후 화교의 수가 점차 늘어나 1900년에는 2,274명으로 증가하였는데 이는 북청사변(의화단의 난)으로 산동성이 혼란에 휩싸여 많은 중국인이 해외로 이주하는 과정에서 지리적으로 인접한 인천으로의 이주가 급증하였기 때문이다.

이후 러일전쟁의 발발로 인천이 전쟁의 중심이 되자 화교들이 귀국하여 화교 인구가 일시 감소되었다가 전쟁 후 안정을 되찾으면서 다시 증가하여 1910년에 이르러서는 2,886명까지 늘어났다.

② 일제시대

인천 화교 인구는 1910년 한일합방 이듬해부터 감소되어 3.1운동이 일어난 1919년에는 793명으로 대폭 감소되었다. 이는 한국이 일본식민지로 전략되어 인천 경제의 주도권이 일본인들에게 넘어가게 된 결과였다.

그러나 1920년대 이후 화교 인구는 다시 증가하여 1930년에는 2,427명으로 늘어났다. 인천 상권의 쇠퇴라는 인구 감소 요인에도 불구하고 이 시기 화교 인구가 증가세를 보인 것은 중국대륙의 혼란으로 인해 해외로 이주하는 사람들이 대폭 늘어난 데 기인한 것이었다.

1931년 만보산사건을 계기로 발생한 화교와 한국인간의 갈등은 화교의 수가 가장 많은 인천을 시발로 전국으로 확산되었다. 당시 인천의 화교 집단거주 지역은 점포 문을 닫고 스스로 방위에 임하여 피해가 적었으나 내리, 외리, 용동 등에 산재한 화상들은 큰 피해를 입어 귀국하는 화교의 수가 많았다. 이 사건 이후 화교사회가 안정을 되찾으면서 인천 화교의 인구가 다시 증가하기 시작하여 중일전쟁 전인 1936년에는 3,265명에 이르러 일제 강점기 동안 가장 많은 인구 분포를 기록하였다.

③ 1945년 이후

1945년 이후 중국과의 무역이 활성화되자 인천항의 지리적 이점으로 인해 1946년 대중국 무역의 98%가 인천항을 통해 이루어졌고, 또한 그 대부분이 중국인에 의해 이루어졌다는 기록이 있어 화교의 활발한 경제활동을 짐작할 수 있게 한다.

한국전쟁 이후 사회가 안정되면서 인천에 거주하는 화교의 수가 1962년에 3,627명으로 급격히 증가하였고 그 이후로는 3,000명 선을 꾸준히 유지하였다. 그 이유는 1961년 단행된 외국인 토지규제법에 의해 인천 주변 및 농촌에 거주하던 화교들이 토지를 소유할 수 없게 되면서 전업을 모색하고자 농업을 포기하고 도시로 진출하는 경우가 크게 늘어났을 뿐만 아니라 화교경제의 쇠퇴에 따른 실업 인구의 증가로 취업이 가능한 대도시로의 이주가 가속화되었기 때문이다. 한편 1960년대 이래 산업화, 근대화로 인한 한국사회 전반의 이촌향도 현상이 화교사회에도 영향을 미치게 되면서 인천의 화교는 1970년에 이르러 4,000명을 상회하게 되었다. 이후 인천 화교의 인구는 줄곧 4,000명 전후로 유지되다가 1980년대에 들어서 한국정부의 강력한 규제정책과 지원 부재, 자본의 영세화와 경영방식의 낙후가 초래한 경쟁력 약화, 취업 제한 등으로 한국을 떠나는 화교의 수가 점차 늘어 인천의 인구도 급격한 감소세를 보였다. 이 같은 급격한 인구 감소의 원인은 이밖에도 외국에 거주하면서 한국거주권을 상실하지 않기 위하여 3년마다 실시하는 외국인 등록을 위해 3년에 한 차례 한국을 방문하여 신고만 하고, 다시 출국하는 화교의 수가 늘어났기 때문이기도 하고, 또한 화교의 소속감 결여로 협회에 신고하지 않고 전출입을 하는 사람들이 많았기 때문이기도 하다. 이러한 원인으로 인해 화교 인구의 통계 수치는 조사 기관에 따라 상이한 결과를 보이고 있는데, 그럼에도 불구하고 하나의 공통적인 특징은 전국의 화교 인구는 감소하는 경향을 보이는 반면 인천 화교의 인구는 증가하는 추세를 보인다는 것이다. 이는 1980년대 서울의 부동산파동, 그리고 1990년대 한중 항로 개설과 국교수교로 인한 기대감 상승이 외부에서 인천으로 전입하는 화교의 수를 꾸준히 늘렸기 때문인 것으로 추정된다.

2) 인천 차이나타운의 특성

(1) 차이나타운의 공간 구조

인천 차이나타운의 공간 구조를 단순화 시켜보면 언덕에 위치하고 있는 이 마을 위쪽으로 자유공원이 있어 이곳에서는 그 일대의 경관을 한눈에 내려다 볼 수 있다. 화교들의 주거 구역은 자유공원을 중심으로 부채꼴 모양으로 형성되어 있으며 그 중심부에는 화교학교(옛 청국영사관)와 화교협회가 자리하고 있다. 또한 이 지역의 우측과 아래 부분은 항구와 인접하고 있고, 특히 아래 부분은 인천역과 닿아 있어 이 지역에 화교들이 정착하게 된 이유가 중국으로부터의 접근성과 서울 등 기타 지역으로의 이동의 용이성이었을 것이라고 추측할 수 있다.

차이나타운 주거 구역의 분포 양상을 살펴보면, 인천역 맞은편에 새로 건립된 패루가 있는데 이 패루를 통과하여 올라가다 보면 몇 개의 여관이 있고 곧이어 중국음식점들이 나타난다. 이들 중국음식점들은 화교학교의 우측 지구에도 자리 잡고 있는데 결국 양 항구로의 접근로를 따라 규모가 큰 상가거리가 위치하고 있는 셈이다. 그런가 하면 과거 청국의 영사관이 있었던 자리인 화교학교는 화교협회와 인접하여 양쪽 상가지역의 중앙부에 자리하고 있다. 화교들의 일반 거주지는 앞에서 언급하였듯이 자유공원 부근까지 부채꼴 모양의 영역에 집중적으로 분포하고 있다. 이들 일반 거주 건물은 그다지 오래된 것으로는 보이지 않는데 화교학교에서 자유공원으로 가는 지역에 위치한 몇 채의 고건축물들이 일본 건물의 건축 양식을 보인다는 점을 감안한다면 현재의 화교 거주지의 영역은 과거에 비해 상당 부분 축소된 것으로 보인다.

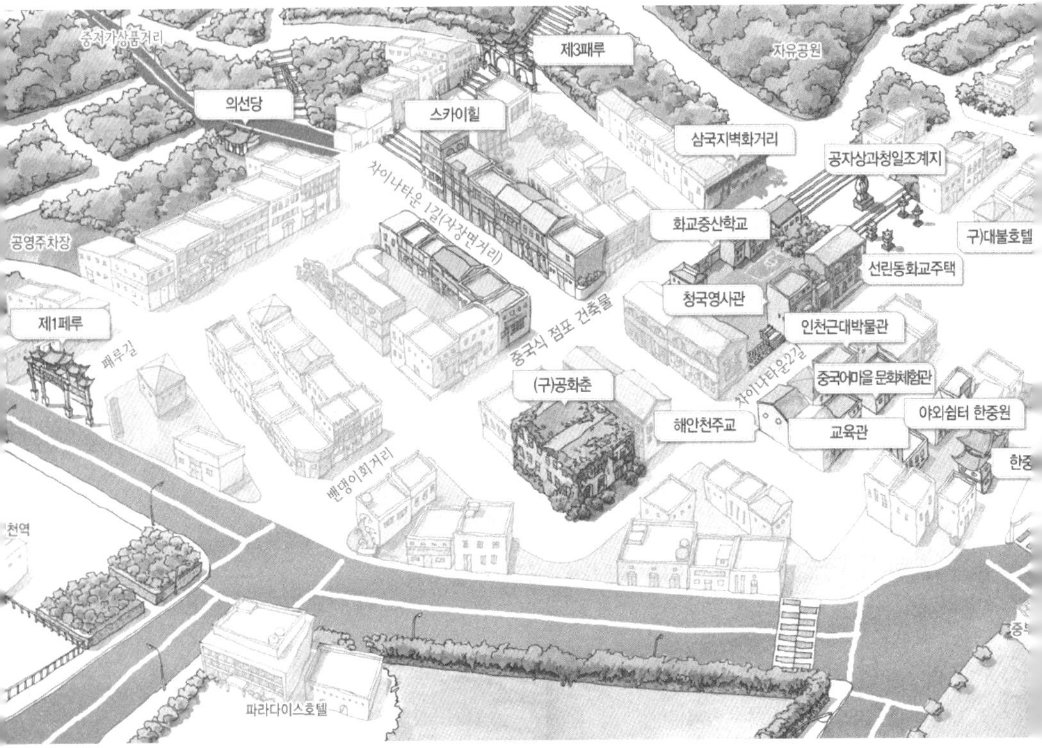

그림 5.3 인천차이나타운 안내도

(2) 건축물의 특성

차이나타운의 건축물은 그 용도와 특성에 따라 크게 공공 건축물, 종교용 건축물, 상가용 건축물, 주거용 건축물, 기념물 등 다섯 가지 종류로 나눌 수 있다. 각 건물의 주요 특성과 대표적인 건물들을 살펴보면 다음과 같다.

① 공공 건축물

한국의 모든 차이나타운과 마찬가지로 인천 차이나타운에는 화교들의 자치 관공서가 없다. 민간 차원의 지도적 역할을 하는 화교협회가 있으나 이를 관공서라고 보기는 어렵다. 과거에는 인천 지역이 청국의 조계

그림 5.4 인천화교협회

지였기 때문에 청국의 영사관이 있었으며 이것이 당시의 가장 대표적인 공공용 건물이었다고 할 수 있다. 그러나 현재는 근처에 화교중산학교와 화교협회가 들어서 창고로 이용되고 있다.

화교중산학교와 화교협회는 서로 붙어 있어 건물을 함께 사용하고 있다. 이 건물은 네 동 이상으로 구성되어 있으나 회랑(回廊)으로 연결되어 크게 두 개의 군락을 형성하고 있다. 1978년 증축된 이 건물들은 그 이후 내부 구조의 보수나 회랑을 만드는 등의 개조는 있었으나 대대적인 개조는 없어 1970년대에 건립된 일반 학교 건물과 크게 다르지 않다. 한편 화교협회의 중앙 홀을 통해 아직 남아 있는 옛 청국 영사관 건물의 일부를 볼 수 있는데 이 건물은 단층 기와집으로 기와는 붉은색이고 지붕 아래 넓은 홀이 붉은색 기둥으로 칸막이가 되어 몇 개 구획으로 나뉘어 있다. 전통적인 양식으로 지어진 이 건물의 중앙에는 밖에서도 안을 쉽게 들여다 볼 수 있도록 살을 붙인 커다란 창이 달려 있는 나무문 여섯 개가 연결되어 있다.

② 종교용 건축물

인천 차이나타운에서 가장 오랜 역사를 가진 종교용 건축물로는 인천중화기독교회가 있다. 1917년 건립된 이 건물은 높은 언덕에 위치하고 있었으며 벽돌로 지은 벽에 흰색 페인트칠을 하였고 옅은 녹색으로 지붕을 칠하였다. 현관을 중심으로 좌우 대칭형으로 지어졌으며 규모는 작은 편으로 크게 예배당과 신도들이 이용하는 작은 공간으로 나뉘고 교회 건물 뒤편에 목사의 주거 공간이 있었다. 이후 대대적 보수가 없어 십자가의 한 쪽이 떨어져 나가는 등 상당 기간 동안 원래의 모습을 거의 그대로 간직하고 있었으나 현재는 철거되고 신축된 교회 건물이 그 자리를 대신하고 있다.

인천 차이나타운에 있는 또 하나의 종교용 건물은 붉은색 벽돌로 지어진 해안성당으로 비록 규모는 작지만 1966년 완공되어, 종탑과 성당 건물 모두 완공 당시 그대로의 모습을 간직하고 있는 유서 깊은 성당이다. 지금의 해안성당은 원래 답동성당에서 분가하여 만들어졌는데 1958년 당시 일본 조계에 있는 답동성당에 다니던 화교 신자들이 언어소통의 불편함과 민족 이질감 때문에 북성동 3가 10번지 소재 개신교회 옆 2층 방에서 따로 모임을 시작하였고 1960년 현재의 선린동 26번지에 '선린동 화교성당'을 설립하였다. 이후 1972년 '해안성당'으로 개칭 되어 지금의 해안성당이 되었다. 해안성당 맞은편에는 신도들의 교육관이 있는데 이는

그림 5.5 철거 전의 인천중화기독교회

1939년 청국 조계 내에 지어진 중국식 주택으로 1955년에 화교가 구입하여 교육관으로 개조한 후 사용하고 있다. 해안성당 교육관은 현존하는 중국식 사합원(四合院)[9] 중 가장 보존 상태가 양호한 건물로 내부 상태나 각 부위의 세부 모습이 원형 그대로 남아 있어 역사를 고스란히 간직하고 있는 건물이다. 해안성당 옆에는 성모마리아상이 세워져 있고 건물 안에는

9 중국 화북(華北)지방의 전통 가옥 건축양식. 중국의 화북지방 이북 및 서북지방에 많이 보이지만, 특히 북경(北京)의 사합원은 시 중심지의 전통 골목인 胡同(Hutong)에 접해 있어 옛 모습을 그대로 간직하고 있는 것으로 유명하다.

그림 5.6 해안성당 입구

그림 5.7 해안 천주교 교육관

전통적인 분위기의 성전이 있다. 또한 성당 내부에는 여러 가지 성물을 전시한 성물관, 식당, 휴게실, 강당 등이 있다.

③ 상가용 건축물

차이나타운에는 도로를 따라 양쪽으로 슈퍼마켓, 중국음식점 등 다양한 상점들이 자리 잡고 있다. 차이나타운의 특징적인 상가용 건물 구조는 주로 중국음식점 건물에서 찾아볼 수 있다.

풍미(豐美)라는 중국음식점은 비교적 널리 알려진 음식점 중 하나로 이 건물이 중국 음식점으로 사용된 것은 십 수 년 정도이지만 그 건물은 약

100년 전에 지어진 전통적인 상가용 건축물이다. 건물 벽은 벽돌로 되어 있고 여러 개의 창문이 나 있다. 이밖에 눈에 띄는 점은 측면에 지붕의 처마가 없다는 것이다. 풍미 건물의 좌우와 건너편으로는 동일한 양식의 건물이 여러 채 이어져있다. 결국 풍미 건물은 도로를 따라 양쪽으로 나란히 늘어서 있는 같은 모습의 여러 건물 중 하나인 것이다. 건물 측면에 처마를 내지 않는 것은 처마로 인해 생기게 되는 공간을 건물 내에 수용하여 공간을 최대한 넓게 활용하기 위한 것으로 보인다.

건물 정면에는 목조 양식의 건물임을 보여주는 시설들이 있다. 붉은 벽돌을 쌓아 정면 벽을 만들고 벽에는 유리로 된 대형 입구를 설치하였다. 벽 앞면에 다시 기둥을 세우고 나무로 된 발코니를 올린 후 다시 2층에 기둥을 세워 슬레이트로 된 지붕을 받쳤다. 2층의 기둥은 1층 기둥 바로 위에 두께가 더 가는 목재를 사용하여 세우고 지붕과 지붕 사이는 아치형 나무 장식으로 이어져 있으며 이 나무 장식 중간에는 붉은색 등을 달았다. 한편 발코니에는 청록색 목재 난간을 설치하여 기둥의 붉은색 색채와 대비 효과를 보이고 있다.

이 건물들은 외부에서 보았을 때 1층과 2층의 상태가 현저히 다른데 1층의 기둥은 나무기둥이 아니라 나무기둥을 모방한 시멘트 기둥으로 습도와 온도에 잘 견디도록 한 반면에 2층의 기둥과 난간, 처마 장식은 빛바랜 색의 나무로 되어 있다. 이는 1층은 손님을 맞이해야 하는 영업용 공간이며 2층은 건물주들의 주거용으로 사용되는 공간이어서 1층에 비해 2층은 장식에 신경 쓰지 않아도 된다는 용도에 따른 특성을 반영하고 있는 것으로 보인다.

한편 2000년에 완공된 태화원(太和園) 건물은 외부 구조는 얼핏 다른 곳의 일반 중국음식점이나 상가와 크게 다르지 않아 보이나 전체적으로는 중국 전통 양식의 상가 건물의 특징을 가지고 있다. 즉 언뜻 보기에는 외부 구조가 풍미와 많이 다르지만 건축 양식의 전반적인 특징은 서로 유사

그림 5.8 인천 차이나타운의 중국음식점 풍미(豐美) 건물

그림 5.9 풍미의 좌우, 그리고 맞은편에 나란히 이어져 있는 동일 양식의 건물들

그림 5.10 태화원(太和園) 건물 외부 전경

하다는 것이다.

현관 좌우에서 시작되어 2층 지붕까지 이어진 기둥은 대부분 건물 외벽에 묻혀있고 앞부분만 조금 드러나 있는데 붉은 색 바탕에 금색 용(龍) 장식이 되어 있다. 2층에는 발코니가 없고 대신 1층과 2층 위에 각각 지붕 장식이 있다. 벽은 아이보리색으로 깔끔하게 색칠되어 있으나 창문틀은 붉은 색으로 채색되어 색채가 주는 효과를 살리고 있다.

오랜 역사를 가진 풍미의 건축양식과 비교해보면 이 건물에는 우선 발코니가 없고 처마 밑의 나무 장식도 보이지 않는다. 한편 전면의 벽이 붉은색이 아닌 흰색 계열로 되어 있지만 붉은색은 여전히 강조되어 있다. 결국 이 같은 모습은 풍미와는 상당히 다른 양식이지만 그 구조를 바탕으로 한 변형된 양식의 외관이라고 할 수 있다. 먼저 발코니는 지붕으로 대체되었다. 또 풍미는 처마가 상당히 길게 나와 있고 그 처마를 기둥이 지지하면서 1층과 2층이 구분되는 곳에 발코니를 두고 있지만 태화원 건물은 지붕이 길지 않고 기둥이 벽에 묻혀 있다. 한편 기둥은 아래 위층 모두 콘크리트로 되어 있으며 장식으로 둥그렇게 모양을 낸 것에 불과하다. 그러나 기둥에 의해 이 건물이 세 부분으로 나뉘고 각 부분에 커다란 유리창이 나 있으며 정면의 중앙부에 입구가 설치된 외관은 풍미에서 발코니 부분을 없앤 모습과 유사하다고 볼 수 있다.

④ 주거용 건축물

차이나타운의 주거용 건축물은 크게 세 가지 형태로 나눌 수 있다. 하나는 선린동 화교 집거지에 위치한 전통적인 화교주택들이고, 또 하나는 상가 건물, 특히 중국음식점 2층의 주거 공간이다. 대부분 도로와 인접한 지역에 위치한 이들 주거 공간은 원래 아래층은 상업용으로 위층은 주거용으로 지어진 것으로 화교 상인들의 초기 주상복합 건물이다. 다른 하나는 일반 아파트로 이 건물군은 차이나타운 외곽 또는 그 밖에 위치하여 일반 한국인 주거지역과 혼재되어 있다. 현재 화교들 대부분은 이 같은 아파트에 거주하고 있다.

이상 세 가지 형태 중 전통 화교주택은 가장 전형적인 주거용 건축물로 상당히 이국적인 모습을 지니고 있다. 외양을 보면 먼저 붉은 벽돌로 벽을 쌓고 슬레이트 지붕을 얹었다. 측면 벽은 희게 칠하고 창문을 내었으며 처마가 거의 없다. 정면에서 보면 발코니가 있고 건물 전면 공간을 늘이기 위해 1층에는 흰색 칠을 한 콘크리트로 사각 기둥을 건물 양끝으로 최대한 벌려 세웠다. 한편 1층 기둥 바로 위쪽으로 세 개의 2층 기둥을 세워 건물 2층을 세 부분으로 나누고 있으며 이 세 개의 기둥을 연결하여 난간이 있는 목재 발코니를 설치하였다. 또한 기둥과 벽을 잇는 칸막이를 설치하여 독립성을 보장하였다. 나무 난간에는 별다른 장식이 없고 이층 기둥과 지붕이 맞닿는 곳에는 아치형의 격자무늬 장식이 있다. 이 가옥도

그림 5.11 선린동 전통 화교주택. 한중 문화관에서 자유공원으로 오르다 보면 경사진 곳에 돌계단이 나오는데 이곳이 청인과 일본인이 살던 경계 지역이다. 한국전쟁 기간 중 인천상륙작전을 감행하기 위해서 인천에 2~3일간 집중 포격을 했는데 이때 많은 건물들이 소실되었다. 계단 오르는 방향으로 왼쪽에 용하게도 포화를 피한 중국식 2층 건물이 보이는데 1930년대에 지어진 전통 화교주택이다.

그림 5.12 풍미와 같은 양식의 전통 주상복합건물들. 주로 1층은 상가 2층은 주거용으로 이용되었다.

풍미의 경우처럼 붉은 벽돌의 벽과 청색 계열 목재가 색체 대비를 이루고 있다.

건물 전체 구조는 크게 세 개의 공간으로 구분되어 있다. 1층에는 출입구가 세 개 있고 그 사이에 각각 세 개의 창문을 냈다. 하지만 이들 문과 창문에는 바깥쪽에서 나무로 된 판자를 끼울 수 있어 밤이 되면 판자를 끼워 내부의 공간을 외부 시선으로부터 차단할 수 있다.

이 같은 건물의 구조와 장식은 풍미의 건물과 상당히 흡사하다. 먼저 2층 발코니의 구조와 창문, 그리고 아치형 장식이 거의 일치한다. 또한 기둥에 의해 건물의 공간이 구분되는 구조도 유사하다. 이러한 공통점을 바탕으로 볼 때 현재는 건물 일부 공간만을 사용하고 있지만 건축 당시에는 상업용을 겸하는 용도로 지어졌을 것으로 볼 수 있다. 즉 건축 당시에는 1층과 2층의 일부 공간은 상업 용도로 사용하고 2층 일부를 주거용으로 사용하는 풍미 건물과 같은 양식의 주상 복합형의 건축물이었다는 것이다. 실제로 근대 시기 해외 화교들의 출신지역인 중국 동남연해 지방에는 이와 같은 건물들이 많았으며 동남아 지역의 차이나타운에서도 유사한 주상복합형 건축물들을 흔히 볼 수 있다.

이밖에 화교 집거지에서 주로 사용하는 주거용 건축물로 기존의 화교 건물을 개·증축하여 현재 화교들이 사용하고 있는 건물들이 있는데 이들 건물은 위에서 살펴본 풍미나 전통적인 주거용 건축물들과 달리 일반 한국 건물과의 차이점을 발견하기 어렵다. 그런데 이 건물들을 자세히 살펴보면 기둥 역할을 하는 구조물이 위에서 살펴본 풍미나 전통 주거용 건축물과 유사하다. 즉 벽면에서 돌출된 사각형 구조물이 건물의 내부 공간을 나누고 있어 전통 건축물의 기둥 역할을 하고 있는 것이다. 이러한 구조는 태화원이나 발코니 구조를 뺀 풍미의 전면 모습에서 발견할 수 있다. 한편 이들 건물들은 원래 중국인 목수들에 의해 건축되었으나 이후 한국인 기술자에 의해 증축 또는 개축되어 앞에서 살펴본 전통 건축물과

그림 5.13 기존의 화교 건물을 개·증축한 현대식 건물

그림 5.14 최근 새로 지어진 공화춘(共和春) 건물

의 유사성이 많지 않지만 건축 양식이 전혀 다른 것은 아니다. 이들 건축물의 구조와 시기적 특성으로 볼 때 이 같은 건축물의 특징은 풍미에서 태화원으로 변화되어 가는 과정의 과도기형 건축 양식이라고 볼 수 있다.

화교들의 주거 공간 중 차이나타운 밖의 아파트나 연립주택은 일반 한국인들이 건축하여 거주하는 공간으로 화교를 위한 고려가 조금이라도 개입할 여지가 없었던 까닭에 외형에서는 특이한 점을 발견할 수 없다. 다만 내부 공간의 활용, 실내의 장식품, 화장실과 부엌 사이에 모신 신주 등에서 약간의 특이한 점을 보일 뿐이다.

⑤ 기념물

인천의 차이나타운에는 한국의 다른 차이나타운들과 마찬가지로 기념물은 거의 없는데 굳이 기념물의 예를 들자면 근래에 건립된 패루와 삼국지 벽화거리 정도를 들 수 있다.

패루는 이 지역을 차이나타운으로 개발하려는 계획 하에 중국에서 직접 기증받은 것으로 중국 기술자가 기와, 장식품 등을 중국으로부터 직접 들여와 제작하였다. 패루는 비교적 최근에 건립되어 화려하게 장식된 중국 단청이 특히 눈길을 끈다. 기단은 돌로 되어 있고 나무 기둥을 흉내 낸 콘크리트 기둥 역시 붉은 색으로 되어 있으며 크게 세 개의 문이 합쳐진 형상이다. 지붕 꼭대기와 윗면은 주로 붉은 색과 황금색으로 용무늬를 장식하였다.

삼국지 벽화 거리는 청일 조계지 경계 계단을 올라가서 밑으로 난 길 양쪽의 벽면에 타일로 제작된 벽화로 삼국지의 중요 장면을 설명과 함께 담고 있다.

그림 5.15 삼국지 벽화 거리

3. 집단적 기억의 재현과 정체성

옛 흔적이 잘 보존된 중국인 점포 주택이 즐비하고 화교들이 직접 만든 정통 중국요리를 맛볼 수 있는 차이나타운은 앞에서 살펴보았듯이 1884년 청국영사관이 설치되면서 형성되기 시작하였다. 당시 지금의 북성동, 선린동 일대를 중심으로 화교들이 하나둘씩 모여들다가 인천 산동 간 정기 항로가 개통되면서 인구가 급증하였다. 당시 화교들은 중국에서 가져온 식료잡화, 소금, 곡물 등을 청관거리라 불리는 이곳에 내다 팔았고 사금(砂金) 등을 사들여 상권을 점차 넓혀가면서 오늘날의 북성동 차이나타운 일대에 정주하였다.

한편 이 같은 인천 차이나타운에는 이주 후 원적지에서의 집단적 기억의 재현과 정체성 전승을 위한 화교 고유의 공간 및 기관을 형성, 유지하고 있다. 인천 화교들이 공동으로 창출한 대표적인 집단적 기억 재현의 공간 및 기관은 다음과 같다.

1) 집단적 기억 재현의 공간

(1) 청국영사관 터 및 회의청

조선시대 말 청국은 1883년 일본이 인천에 조계지를 설치한 후인 1884년에야 청국지계를 설치하고 청국이사부(淸國理事部), 혹은 이사서(理事署)라 호칭되는 영사관을 설치하였다. 그 후 이곳은 청일전쟁으로 폐쇄되었다가 1898년 다시 문을 열고 자국의 거류민을 보호하는 일을 했는데 1930년대에 이르러 중국과의 관계가 악화되고 전쟁에 휩싸이며 영사관도 폐쇄되었다.

청관내의 자국 거류민의 결속과 생활기반의 안정 등을 위하여 설립된 건물인 청국영사관 회의청은 한국전쟁 당시 파괴된 청국영사관 터 뒤쪽에 남아있는 1층 목조 건축물로 1910년에 건립되었다. 흑벽 위에 회칠로 마감된 전면 벽체와 조적 마감된 측벽 및 개구부, 창호 형태는 당시 모습을 그대로 간직하고 있으며 현관에 걸려있는 두 개의 명판은 건축물의 역사를 알려준다.

그림 5.16 화교중산학교와 화교협회 입구에 세워져 있는 안내 표지판. 한글과 중문으로 청국영사관 터 및 회의청 등의 역사에 대한 간략한 소개를 담고 있다.

그림 5.17 회의청

(2) 의선당

의선당(義善堂)은 인천 개항 후 인천에 거주하는 화교 인구가 크게 불어남에 따라 1893년경 중국 산동지방의 도교사당을 본떠 건립되었다.

이곳은 이름 그대로 '의(義)를 지키고 착하게(善) 살자'는 뜻으로 인천 화교들의 단결과 끈질긴 생명력을 일깨우는 교화기관으로서의 역할을 담당하였다.

해방 이후 한국전쟁을 거치면서 화교들의 수도 줄어들고 찾는 이들이 줄어들며 거의 폐쇄되었고 1980년대에는 무당파(武當派) 팔괘장(八卦掌) 무술 수련장으로도 사용되었다. 이후 거의 문을 열지 못하다가 화교들의 모금과 중국 정부의 지원으로 2006년 5월 수리를 거친 후 지금의 모습을 갖추게 되었다.

안에는 사후 안식을 기원하는 관음보살을 중심으로 돈을 벌어준다는 관우상, 자식을 점지해준다는 삼신 할미상, 중국을 왕래할 때 뱃길의 안

그림 5.18 의선당 입구

그림 5.19 의선당 내부

그림 5.20 관음상을 비롯한 의선당 신상

녕을 보살펴 주는 용왕상, 그리고 원행길이나 산길을 보호해 준다는 호산 할아버지(산신령) 등 흙으로 빚은 다섯 개의 신상이 모셔져 있다. 정교한 솜씨로 만들어진 토상(土像)은 청나라 말기 양식을 그대로 보여주는 귀중한 문화재로 이를 포함한 의선당은 인천광역시 화교협회에 의해 문화유산 제1호로 지정되어 있다.

(3) 한중문화관

한중문화관은 인천 차이나타운 활성화를 위해 지난 2005년 인천 중구청에서 건립하였다. 주말이면 다양한 공연과 한국인을 위한 중국어교실, 중국인을 위한 한국어교실 등이 진행되며 무료 영화 상영 및 각종 기획전도 수시로 열려 한중 양국의 역사와 문화 교류의 중심 역할을 담당할 뿐만 아니라 화교의 역사와 삶을 살펴볼 수 있는 기회를 제공하기도 한다.

그림 5.21 한중문화관 전경

또한 중국 자매결연 도시의 문물 전시, 경극 및 기예공연, 중국어와 한국어 교실 등 다양한 체험 및 교육 프로그램을 통해 직접 중국을 방문하지 않고서도 다양한 중국 문화를 접할 수 있다.

(4) 패루(牌樓)

패루는 차이나타운의 대표적 상징물로 마을 입구나 대로를 가로질러 세운 탑 모양의 중국식 전통 대문이다. 정교하면서도 아름다운 건축 장식과 문화예술이 하나로 융합된 상징성을 지니고 있다. 오늘날 차이나타운에는 중화가(中華街), 인화문(仁華門), 선린문(善隣門) 등 모두 3개의 패루가 있다.

3개의 패루 중 선린문(善隣門)이라고 쓰인 파란색 제3패루는 주위 사람들과 잘 어울려 살자는 뜻으로 인천 차이나타운의 옛 지명이기도 하다. 선린문을 지나면 경사가 급한 오르막길을 따라 총 네 단계의 계단이 있는

그림 5.22 인천 차이나타운 제1패루 - 중화가(中華街)

그림 5.23 인천 차이나타운 제2패루 - 인화문(仁華門)

그림 5.24 인천 차이나타운 제3패루 - 선린문(善隣門)

그림 5.25 선린문으로 이어진 계단. 계단 바닥과 양 옆 벽에 그려진 그림이 보인다.

데 계단 바닥과 양옆으로는 중국을 상징하는 다양한 그림들이 있다.

첫 번째 단계의 계단을 오르면 양쪽 면에 중국을 대표하는 상징적인 건축물인 자금성 태화전과 만리장성 그림이 있다. 또한 두 번째 단계 계단의 중간 바닥에는 병마용(兵馬俑) 모습의 진(秦)나라 병사가 용상을 호위하는 그림이 있어서 여기에 앉으면 고대 병사가 양쪽에서 호위하는 용상에 앉은 장면이 연출된다.

한편 두 번째 단계 계단의 위로 올라서면 중국의 역사와 문화를 보여주는 갑골문자와 고대 돈황(敦煌) 유적 그림이 있다. 이곳에는 화표(華表)[10]도 세워져 있는데, 역시 중국인들의 상징물이다.

---

10 화표주(華表柱)라고도 하는데, 무덤 앞의 양쪽에 세우는, 여덟 모로 깎은 한 쌍의 돌기둥을 가리킨다. 선린문의 화표는 여덟 모로 깍은 기둥은 아니고 화려한 등이 매달린 붉은색 원주(圓柱) 모양을 하고 있다.

그림 5.26 선린문 계단 양 옆에 세워진 한 쌍의 붉은색 화표(華表)

세 번째 단계 계단의 벽면에는 분장한 경극배우, 그리고 부귀영화를 상징하는 어린아이, 물고기 등 중국인의 문화와 전통을 보여주는 그림들이 있다.

2) 사회기관

(1) 인천화교협회

인천화교협회는 원래 인천 화교사회에서 중요한 역할을 수행해왔으나 최근 토지 관련 업무가 법무사에게 이양되고 출입국 관련 업무를 여행사가 담당하면서 호적등록과 신원증명을 하는 일 정도로 그 역할이 축소되었다. 현재는 화교와 관련된 통계자료 수집이나 회원 복리 증진, 그리고 대외 홍보 등의 역할을 거의 수행하지 못하고 있는 실정이다.

그림 5.27 인천화교협회 현판

협회의 재정은 원칙적으로 15세 이상의 모든 개인 회원에게 매달 일정액을 거두는 회비와 회원 업소의 회비, 서류 발급비 등으로 충당하는 것으로 되어 있다. 그러나 실제 운영비에 크게 못 미치기 때문에 이사회 이사들의 기부금에 크게 의존하고 있다. 협회 규정에 따르면 이사회는 교민대회를 통해 선출한 15인의 이사로 구성되고, 회장은 이사 중에서 선출되며 회장이 3~5인의 부회장을 지명한다. 감사는 교민대회에서 5인을 선출한다.

협회대표자들은 화교사회의 전통 행사를 주관하거나 대만대표부와 중국 대사관 관원을 상대하는 역할을 하고 있지만, 차이나타운 개발 등 인천화교의 삶에 큰 영향을 미치는 일의 협상과정에서 화교의 입장을 대변하는 역할을 하지 못하고 있다는 지적을 받고 있다.

1991년부터 2년에 한 번씩 세계화상대회가 열리는데 2005년 세계화상대회를 서울코엑스에서 개최하였다. 세계 화교들이 동원할 수 있는 유동자금이 2조 달러 정도이고, 아시아 1000대 기업 중 517개 기업이 화교

경영기업이라고 알려져 있다. 동남아시아 국가의 화교는 인구의 6%에 불과하지만, 그들의 자산은 86%의 비중을 차지한다. 중국은 외국인 직접투자를 적극 유치하면서 지난 20여 년간 괄목할 만한 경제성장을 이루었는데, 중국이 유치한 외국인 직접투자의 50% 이상이 화교권 자본이었다. 세계화상대회 개최 이후로 한국에 대한 화교자본 투자 활성화와 인천 차이나타운에 대한 화교 기업가들의 투자 기대가 커지고 있다. 화교 기업가들은 인적 네트워크를 중심으로 사업을 확장하는 경향을 보이고 있기 때문에 화교자본 유치와 화교권 국가와의 경제교류 과정에서 국내 화교, 인천 화교들이 중요한 교량 역할을 할 수 있을 것이다.

(2) 화교중산학교

1902년 4월 문을 연 '한국인천화교소학(韓國仁川華僑小學)'은 한국 화교 교육의 효시로 약 110년이 넘는 역사를 가지고 있다. 개교 초기에는 학생 수도 적고 교사(校舍)가 없어 화교협회의 전신인 화교상무총회(華僑商務總會)의 동쪽 방을 빌려 사용하였으며 학제는 남녀 공학 7년제였다.

이후 인천 영사(領事) 장국위(張國威)가 小學의 監督으로 부임하면서 당시 副領事였던 김경장(金慶章)이 초대 교장이 되었고 이때부터 인천화교소학(仁川華僑小學)이라는 정식 학교 명칭을 사용하게 되었다. 이후 학생 수가 계속 증가하자 김경장 교장의 주도로 화교 상인들을 비롯한 각계의 지도자들로 부터 모금운동을 진행하여 1923년에 현재 중학부 본관 건물 위치에 교실 3칸을 마련해 가을 학기에 이주하였고 학제도 6년제로 변경하였다. 그 후 내외의 상황에 따라 1929년부터 약 5~6년간 남방(南幇) 화교 출신 중심의 인천화교소학과 북방(北幇) 즉 산동 화교 중심의 노교소학(魯僑小學)으로 분리되었다가 다시 합쳐지는 등 일정한 부침은 있었지만 1946년 주안분교, 1951년 용현분교와 부평분교 등을 설치하면서 점차 발전하였다.

그림 5.28 인천화교중산중소학교(仁川華僑中山中小學校) 입구

그림 5.29 인천화교중산중소학교(仁川華僑中山中小學校) 건물

중학교(初中部) 과정과 고등학교(高中部) 과정은 소학보다 훨씬 늦은 1957년과 1964년에 각각 개설되었고, 이밖에 1998년 유치부가 다시 설립되어 현재의 인천 화교학교는 유치부, 초등학교, 중고등학교 과정으로 구성되어 있으며 중구 선린동 소재 부지에 교실 12개와 전산실, 음악실, 도서실, 유치원 등을 운영하고 있다. 미스 유니버스대회에 대만 대표로 출전한 이수영(李秀英), 음악계의 유가창(劉家昌), 장경국 총통의 주치의 강홍정(姜洪霆), 영어학 교수 주수화(周樹華), 한중일보 사장 강수동(姜樹棟) 등이 이 학교 출신이다.

이상과 같은 학교 설립 및 발전 과정에서 영사관의 주도로 학교가 설립되고, 상인들의 모금을 통해 교사를 마련하고, 방(幇) 별로 학교가 분리되었다가 통합되는 등의 일련의 과정들은 화교학교가 화교사회 전반의 의식 및 정체성과 얼마나 깊은 연관을 맺고 있는지를 잘 보여주고 있다. 뿐만 아니라 현재 학교의 정식 명칭인 '인천화교중산중소학교(仁川華僑中山中小學校)'의 '중산'이 삼민주의를 주창하고 신해혁명을 성공시킨 손문(孫文)의 호인 점을 통해 볼 때 인천 화교 사회에서 차지하는 화교학교의 정신사적 위상을 짐작할 수 있다.

제6장 맺음말

앞의 머리말에서 인용하였듯이 인간의 이주는 단순히 물리적, 공간적 이동만을 의미하지 않는다. 디아스포라는 전통문화와 풍습, 신앙과 의례체계, 음식과 언어 등 자신의 고유한 사회문화적 정체성과 함께 인간의 고유 권리 또한 새로운 영역으로 이식한다. 해외로 이주한 중국인들이 화교공동체를 형성하는 과정에서 중요하게 작용한 것은 동향 네트워크였다. 즉 화교들은 혈연과 지연에 따라 종친회나 동향단체를 만들어 거주지에서의 적응과 정착 과정에서 부딪히는 어려움을 극복해나갔던 것이다. 따라서 해외 화교들은 주로 이 같은 인적 네트워크를 통해 전통문화와 풍습, 신앙과 의례체계, 음식과 언어 등 자신들의 집단적 기억과 사회문화적 정체성을 새로운 정주지에 재현, 이식하였다.

이에 본 연구에서는 동남아시아 지역에서 인구 총수와 인구 비율의 측면에서 대표적인 화교 디아스포라의 집거지인 싱가포르, 말레이시아, 그리고 이와 대조적으로 가장 배타적이며 소수에 속하는 화교 디아스포라의 집거지인 한국의 차이나타운을 중심으로 이들 지역 화교들의 이주 역사와 문화, 인적 구성 등을 분석하고, 나아가 집단적 기억의 재현 및 정체성을 담보하는 상징적인 공간구조, 건축물, 사회문화기관 등을 살펴보았다.

하지만 "바닷물 닿는 곳에 화교가 있다", 또는 "연기 나는 곳에 화교가 있다"는 속담이 있듯이 통상 차이나타운이라 칭하는 화교들의 집거지는 전 세계 거의 대부분 국가의 주요 도시에 형성되어 있다. 따라서 이 책의 제2장에서는 본격적인 서술에 앞서 연구 대상인 싱가포르, 말레이시아, 한국 차이나타운을 제외한 각 대륙 별 주요 차이나타운의 상황을 개괄적으로 소개하였다.

이어 제3장에서는 먼저 싱가포르 화교 디아스포라의 이주 과정을 1819년 싱가포르 개항 이전, 개항 이후부터 제2차 청일전쟁 발발시기인 1937년까지, 다시 이로부터 제2차 세계대전 시기인 1945년까지, 1945년 이후부터 현대까지로 나누어 개괄하고 이들의 각 방언집단, 종교, 교육 및 문화에 대해 살펴보았다. 또한 싱가포르 차이나타운 형성의 역사와 공식적인 차이나타운인 牛車水와 대중적인 차이나타운인 芽籠(Geylang) 차이나타운의 개략적인 상황을 소개하였으며 블록 구성 및 지리, 건축물, 교통 및 주요 거리 등을 중심으로 차이나타운의 특성을 고찰하였다. 나아가 대화극원(大華戲院), 이춘원(梨春園), 복덕사대복공묘(福德祠大伯公廟), 천복궁(天福宮), 구화산보은사(九華山報恩寺), 쌍림사(雙林寺), 금동부(金洞府), 부킷 브라운 묘지(Bukit Brown Cemetery) 등 기억 재현의 공간과 상령음악사(湘靈音樂社), 도융음악사(陶融儒樂社), 중화체육구락부(中華體育俱樂部), 싱가포르 종족협회, 이화헌(怡和軒), 남양화교주진조국난민총회(南洋華僑籌賑祖國難民總會), 남교기공(南僑機工), 중화총상회(中華總商會) 등 사회문화기관의 역사 및 현재적 모습을 통해 싱가포르 화교 디아스포라의 집단적 기억이 어떻게 재현되고 있으며 이들 공간과 기관들은 또 그들의 정체성과 어떠한 내적 연관성을 맺고 있는지를 들여다 볼 수 있는 실마리를 찾아보고자 하였다.

제4장에서는 멀리 漢代로부터 아편전쟁 전후 그리고 현대에 이르기까지 말레이시아 화교 디아스포라의 이주과정을 추적하고, 나아가 각 주요 방언집단, 교육, 종교 및 언어 사용 상황을 살펴보는 한편 말라카, 페낭, 쿠알라룸푸르, 조호르바루 등 주요 차이나타운의 형성과정과 특성을 고찰하였다. 또한 천후궁(天后宮), 천공단(天公壇), 무당묘(武當廟), 조호르바루 고묘(新山古廟), 진씨서원(陳氏書院) 등 기억 재현의 공간과 중화대회당(中華大會堂), 남방대학학원(南方大學學院/Southern University College) 등 사회문화기관의 현황을 통해 말레이시아 화교 디아스포라의 정체성이 어떻게 유지, 전승되고 있는지를 살펴볼 수 있는 단초를 제공하고자 하였다.

끝으로 이 책의 제5장에서는 먼저 한국 화교의 이주 역사를 개략적으로 정리한 다음 인천 화교의 교육, 경제, 종교 등 사회문화적 현황을 고찰하였다. 더불어 인천 차이나타운의 역사와 인구 변화를 통해 그 형성과정

그림 6.1 인천 海岸通

그림 6.2 초기의 차이나타운

을 개괄하고 차이나타운의 공간 구조와 공공 건축물, 종교용 건축물, 상가용 건축물, 주거용 건축물, 기념물 등 건축물의 특성을 분석하였다. 한편 한국 화교의 대표적 집거지인 인천 차이나타운에 자리 잡은 청국영사관 터 및 회의청, 의선당(義善堂), 한중문화관 등 집단적 기억 재현의 공간과 인천화교협회, 화교중산학교 등 사회문화기관의 현황을 통해 한국 화교의 정체성을 규정하고 있는 주요 요소들을 살펴보고자 하였다.

끝으로 이상과 같은 분석, 고찰을 통해 화교 디아스포라의 삶과 문화적 정체성을 투영하는 공간으로서의 차이나타운은 다음과 같은 공간구조 및 경관적 특징을 가지고 있음을 발견할 수 있었다.

첫째, 화교 사회의 집거지 공간구조는 해외 이민과 정착기간 동안에 현지 사회와 문화의 영향, 그리고 도시화 과정을 거치면서 일정한 변화를 겪을 수밖에 없었다. 따라서 이들 집거지에 대한 고찰은 화교사회 자체의 변화와 현황에 대한 통시적 접근을 가능케 함과 동시에 화교가 정주하고 있는 국내 및 동남아시아 각 도시의 정치, 사회, 경제, 문화 변동의 복합적인 양상을 엿볼 수 있는 창으로 기능한다고 할 수 있다.

둘째, 화교 집거지의 변화는 동남아와 국내를 막론하고 지역에 관계

그림 6.3 인도인 상가와 화교 상가가 뒤섞여 있는 말레이시아 조호바루 디아스포라 집거지. 사진 오른쪽으로 인도인 상가들이 보인다.

그림 6.4 말레이시아 현지 상가 빌딩 속으로 섞여 들어간 화교 건물. 큰 빌딩 아래 中央大廈라는 간판이 보인다.

없이 공통적인 변화양상을 보이며, 이 같은 변화는 대략 다음과 같은 세 가지 단계로 구분된다.

먼저, 이민 초기 화교 집거지는 대부분 바닷가의 상업 지구에 위치하고 있었으며, 가로변 점포주택 또는 로우하우스라는 중국의 전통적 건축 양식을 띠며 주로 방언집단을 중심으로 집중되는 양상을 보였다.

다음 단계로, 이 같은 집중주거 형태의 집거지가 식민지 당국의 갖가지 규제 정책 또는 화교의 정치, 경제, 사회, 문화적 처지의 변화에 따라 점차 내륙으로 이동하면서 현지인 또는 다른 디아스포라 집단의 공간구조와 결합하거나 혼재되는 양상을 보였다.

이 같은 현상은 현대에 들어와 다시 현지 국가들의 경제적 수요에 따라 대규모의 현대화된 쇼핑거리로 변모하고 화교의 주거지는 현지인의 주거지 공간 속으로 들어가, 화교의 거주는 이른바 '조용한 정주'로 변화된다. 이는 도시화의 가속화와 더불어 특히 두드러지는데 싱가포르, 한국(인천), 미국 등지의 차이나타운에서 보이는 공통적인 현상이며 이후로도 이 같은 차이나타운의 변화양상은 더욱 확대될 것으로 보인다.

그러나 이와 같은 공간구조의 변화에도 불구하고 점포주택이나 로우하우스 등 중국 광동, 복건성 등 화교 출신지 상가의 전통 가옥 형식은 일부 지역에 아직도 그대로 남아 있다.

또한 차이나타운이 있는 곳에는 어디나 그들의 집합장소이자 문화적 공동체의 공유 공간이 존재한다. 앞의 제5장에서 이미 살펴봤듯이 인천에는 아직도 春節(설날)에 함께 모여 축하하거나 서로의 정체성을 확인하는 의선당이 있고, 동남아 각 도시의 차이나타운에는 아직도 많은 사람들이 늘 찾아가 가족의 안전과 성공을 기원하는 사원이 거의 예외 없이 자리하고 있다.

그림 6.5 인천 차이나타운(일명 짜장면 거리)

그림 6.6 말라카의 초기 점포주택

그림 6.7 인천에 남아 있는 점포주택

그림 6.8 인천 의선당(義善堂)

그림 6.9 말레이시아 쿠알라룸푸르 차이나타운에 있는 關帝廟

오늘날 차이나타운은 더 이상 영토적 한계가 정해진 '장소'가 아니라 사회적 관계들의 집합으로 전환된 '공간'으로 전환되고 있다. 이러한 변화의 조류 속에서 이들 '장소'는 각 개인과 집단의 기억 및 정체성을 유지하고 공유하며 전승하는 '공간'으로 활용되고 있음을 알 수 있다.

| 참고문헌 |

龔伯洪,『廣府華僑華人史』, 廣東高等教育出版社, 2003.

顔淸湟,『海外華人的社會變革與商業成長』, 厦門大學出版社, 2005.

劉士木 · 徐之圭,『華僑概觀』, 中華書局, 1935.

陳達,『南洋華僑與閩粤社會』(民國叢書2編26), 商務印書館, 1939.

王翔, 「近代南洋琼僑的社團與生活」, 『海南大學學報(人文社會科學版)』, 19卷第3期, 2001.

許雲樵,『南洋史』上卷, 第二篇, 古代史96, 世界書局, 1961.

朱傑勤著,『東南亞華僑史』第1版, 中華書局, 2008.

楊昭全 · 孫玉梅,『朝鮮華僑史』, 中國華僑出版公司, 1991.

「四月 中에만 五千八百여 명 — 중국 관리가 원인. 仁川으로 온 中人勞働者」,『東亞日報』, 1927년 5월 12일.

김승욱,「20세기 초(1910-1931) 인천화교의 이주 네트워크와 사회적 공간」,『중국근현대사학회』, 2010.

박은경,『한국 화교의 종족성』, 한국연구원, 1986.

박정동,『한국화교(인천화교)의 경제활동 및 사회적 지위에 관한 연구』, 인천발전연구원, 2005.

임채완 등,『화교 디아스포라: 이주루트와 기억의 역사』, 전남대학교 세계한상문화연구단 5차 총서, 북코리아, 2013.

최승현,『韓國華僑史硏究』, 香港社會科學出版社有限公司, 2003년.

Butcher, John G., *The Closing of the Frontier: A History of the Marine Fisheries of Southeast Asia, c. 1850-2000*, Institute of Southeast Asian Studies, 2004.

Chin, James, *Forced to the periphery: Recent chinese politics in East Malaysia*, in Leo Suryadinata & Lee Hock Guan(ed) Malaysian Chinese: Recent Developments and Prospects, Singapore: Institute of Southeast Asia Studies, 2012.

Chin, James, *The Malaysian Chinese Dilemma: The Never Ending Policy*(NEP), Chinese Southern Diaspora Studies, Vol. 3, 2009.

Constable, Nicole, *Chinese Politics in Malaysia: A History of the Malaysian Chinese Association*, Oxford University Press, 1988.

Constable, Nicole, *Guest People: Hakka Identity in China and Abroad*, University of Washington Press, 2005.

Goh, Beng-Lan, *Modern Dreams: An Inquiry into Power, Cultural Production, and the Cityscape in Contemporary Urban Penang, Malaysia*, Cornell Univ Southeast Asia, 2002.

Hara, Fujio, *Malaysian Chinese and China: Conversion in Identity Consciousness, 1945-1957*, NUS Press, 2003.

International Conference of South-East Asian Historians, Papers on Malaysian History, Journal of South-east Asian History., 1962.

In-Won Hwang, *Personalized politics: The Malaysian state Under Mahathir*, Institute of Southeast Asian Studies, 2003.

Megarry, Jacqueline, *World Yearbook of Education: Education of Minorities*, Taylor & Francis, 2006.

Ooi, Jin-Bee, *Land, People, and Economy in Malaysia*, Longmans, 1963.

Owen, Norman G., *Chandler, David, The Emergence of Modern Southeast Asia: A New History*, University of Hawaii Press, 2005.

Pan, Lynn, *The Encyclopedia of the Chinese Overseas*, Harvard University Press, 1999.

Tan, Chee Beng, *Chinese Minority in a Malaysia State: The Case of Terengganu in Malaysia*, Eastern Universities Press, 2002.

Tan, Chee Beng; *Kam, Hing Lee, The Chinese in Malaysia*, Oxford University Press, 2002.

Tan, Sooi Beng, Ko-tai, *A New Form of Chinese Urban Street Theatre in Malaysia*, Southeast Asian Studies, 1984.

Toong, Siong Shih, *The Foochows of Sitiawan: A Historical Perspective*, Persatuan Kutien Daerah Manjung, 2004.

Yamashita, Shinji; Eades, Jeremy Seymour, *Globalization in Southeast Asia: Local, National and Transnational Perspectives*, Berghahn Books, 2003.

Yan, Qinghuang, *The Chinese in Southeast Asia and Beyond: Socioeconomic and Political Dimensions*, World Scientific Publishing, 2008.

http://www.chinatownology.com/

http://en.wikipedia.org/wiki/Chinatown,_Singapore

찾아보기

(ㅂ)

(ㅅ)

(ㅇ)

(ㅈ)

(기타)